はじめに

　新しい学習指導要領が平成29年に告示され，令和2年度から全面実施になります。

　今回の学習指導要領は，子どもが「何を知っているか」にとどまらず「何ができるようになるか」にまで発展させることが大切であるとしています。

　そこで，今回の学習指導要領では，まず，学習する子どもの視点に立ち，各教科等の学びを通じて，「何ができるようになるのか」という観点から，育成を目指す資質・能力について，「知識及び技能」，「思考力，判断力，表現力等」，「学びに向かう力，人間性等」と3つの柱で整理しました。

　そして，整理された資質・能力を育成するために，「何を学ぶのか」と，必要な指導内容等を検討しました。算数科としては，割合に関する内容や統計に関する内容を充実させたところです。

　実際の授業では，内容を子どもが「どのように学ぶのか」という，子どもたちの具体的な学びの姿を考えながら授業を構成していく必要があります。つまり，主体的・対話的で深い学びの視点から授業改善が必要であるとしています。

　子どもたちは学びの過程において，各教科等で習得した概念（知識）を活用したり，身に付けた思考力等を発揮させたりしながら，知識を相互に関連付けてより深く理解したり，情報を精査して考えを形成したり，問題を見出して解決策を考えたりしています。こうした学びを通じて，資質・能力がさらに伸ばされたり，新たな資質・能力が育まれたりしていきます。

　この過程において，「どのような視点で物事を捉え，どのような考え方で思考していくのか」という，教科等の特質に応じた，物事を捉える視点や考え方も鍛えられていきます。これが「見方・考え方」です。数学的な見方・考え方を働かせることで，子どもたちは問題を解決できるようになります。

　このとき，学習評価を通じて，子どもが実際に「何が身に付いたか」を見取ることが必要です。子どもができるようになるために指導するにとどまらず，実際にできるようになったかを評価することが大切です。

　このような算数の授業はどういう授業なのか，その一例を本書で示しました。

　書名の「みんなができる算数授業」とは，子どもたちみんなができるようになることを目指す算数の授業をしようという願いであり，先生方みんながそういう授業ができるようになってほしいという願いからつけました。

　本書が先生方の参考になれば幸いです。

　最後になりましたが，本書を出版するにあたり，多大なるご尽力をいただきました光文書院の三浦知子様，相川知子様，内山洋子様に心から感謝を申し上げます。

国立教育政策研究所教育課程研究センター研究開発部　教育課程調査官・学力調査官　　笠井健一
文部科学省初等中等教育局教育課程課　教科調査官

みんなができる 算数授業づくり

数学的な見方・考え方をいきいきと働かせて

はじめに ……………………………………………………… 2

目次 …………………………………………………………… 3

序 章：座談会

みんなができる！これからの算数授業 ……………………… 6

第1章：算数科における新学習指導要領改訂のポイントと 数学的な見方・考え方を働かせる授業の構想　笠井健一

1 新学習指導要領で何が変わったのか ……………………… 18

2 数学的な見方・考え方とは何か …………………………… 21

3 数学的な見方・考え方を働かせ，
　みんなができる授業になるために ………………………… 25

4 学習評価について …………………………………………… 29

第2章：算数の授業で数学的な見方・考え方を重視する意義　盛山隆雄

1 子どもに優しい先生になるために ………………………… 32

2 数学的な見方・考え方を働かせる授業づくり …………… 32

第3章：授業事例

①年
ひき算 …………………………………………………………… 38
20より大きい数 ……………………………………………… 44

②年
長さ ……………………………………………………………… 50
かけ算 ………………………………………………………… 56

③年
分数 ……………………………………………………………… 62
倍の計算 ……………………………………………………… 68
三角形 ………………………………………………………… 74

④年
面積 ……………………………………………………………… 80
簡単な割合 …………………………………………………… 86
変わり方 ……………………………………………………… 92

⑤年
図形の面積 …………………………………………………… 98
速さ …………………………………………………………… 104
割合 …………………………………………………………… 110

⑥年
円の面積 ……………………………………………………… 116
場合の数 ……………………………………………………… 122
資料の調べ方 ………………………………………………… 128

おわりに ……………………………………………………… 134

3

座談会

座談会 みんなができる！これからの算数授業

～学習指導要領における「数学的な見方・考え方」と「評価」～

第3章の授業提案を考える前に，ざっくばらんに意見をぶつけあう座談会を行いました。読者の先生方もきっとお持ちの疑問・悩みに，笠井先生・盛山先生が答えます！

座談会参加者　笠井健一　盛山隆雄
　　　　　　青山尚司　大村英視　沖野谷英貞　小田有　折田和宙　久下谷明　小島美和　小宮山洋　正拓也

「みんなができる」算数授業って？

（盛山）：教師はきっと，「クラス全員ができるようになってほしい」という思いをもっていると思います。

（笠井）：できる子が発表するだけの授業ではなくて，**できなくて困っている子がいるというところから学び合いをスタートする授業**をしてほしいという願いがあります。

（盛山）：これは教師にとって授業がうまくなるコツでもある。授業の初めの段階ではできなかった子どもが，ある視点から見つめたら「なるほど」と分かっていく授業がいいと思うんです。それが数学的な見方を身につけた瞬間なんじゃないかと。

（小宮山）：私が授業で大切にしたいことは，まずは子どもの「分からない」をきちんと共有できる雰囲気をつくることです。それによって子どもたち同士の共有がなされ，解決の多様なヒントが見えてくると思います。また，どこまでは分かって，

どこからが分からないということを言えるようにもしたいですね。

(小田)：「分からない」「どうしてそうなるの？」という言葉から広がっていく授業づくりを心掛けていきたいです。45分経った後,「どうして？」や「分からない」が,「なるほど」「納得！」「そういうことか！」と変わっていくような授業をつくっていきたいです。

(小島)：それを繰り返し授業の中で積み重ねていくことで，課題に直面した際に主体的に向き合い，他者と協働して課題解決に向かうことができるようになるのではないかと思います。

(青山)：解決できない子どもへの手立てとして，たとえば「どこを見てうまくいかないと思ったの？」と教師が聞いてあげるというのはどうですか？

(盛山)：いいと思います。手立てをいくつも用意していく。願わくば，教師ではなくて子ども同士でヒントを出し合って解決していってほしいと思います。そのためには教師の工夫が重要になりますよね。

(青山)：発問の仕方であったり，何かを提示するときの工夫ですね。

(盛山)：困っている子どもに教師が「何に困ってるの？」と聞いてあげるといいと思います。子どもの困っていることをクラス全体に返して，「どうしたらいいんだろうね？」と問うんです。そうしたら子どもたちの中からヒントが出てくる。最初の子どもの着眼点は活かしながら，全体で解決していくことができます。

(大村)：**前の時間で気づけなかった子どもたちが，次の時間にはその見方を働かせて活躍できる授業がいいなって思います。**

(久下谷)：みんなができる算数授業とは，単にある計算に対して正確に答えを出せるといったことや，文章題に対して適切に立式できるといった意味のものではないと思います。一人ひとりが目の前の問題に向き合い，自

7

分なりの方法で何とか解決しようと取り組んでいく授業，そして，その上で，互いの考えをききあいながらよりよいものを求めて対話をしていくような，そういった授業ととらえたいです。

「数学的な見方・考え方」って何のこと？

（笠井）：学習指導要領で示されている算数科の目標には，「数学的な見方・考え方を働かせ，数学的活動を通して，数学的に考える資質・能力を育成する」ことと示されています。つまり，数学的な見方・考え方を働かせるということは，**「知識及び技能」や「思考力，判断力，表現力等」，「学びに向かう力，人間性等」を育てるため**にしているということをまずおさえてほしいと思っています。

（盛山）：子どもたちが問題を解決したいと思ったとき，何かに着目したり，考えたりする。われわれ教師は，その子どもが解決できたかどうかの結果だけに注目しないで，何に目をつけて，どのように考えたのかということを吟味しますよね。これは今までの算数授業でもやってきたことですね。

（笠井）：その通りです。ただこれまで，似た言葉として「数学的な考え方」という言葉が学習評価の観点名としてずっと使われてきました。つまり，思考力・判断力・表現力として評価する対象でした。けれども今回の学習指導要領で示されている「数学的な見方・考え方」は，**「どのような視点で物事をとらえ，どのような考え方で思考していくのか」**という意味で使われています。問題解決の際に，いろいろな見方・考え方を働かせることで，子どもたちが問題を解決できると考えています。

（盛山）：なるほど。「数学的な見方・考え方」は評価するものではなく，働かせることで問題解決に導くものだということですね。評価についての話はまた後で詳しくお聞きするとして，「数学的な見方」についてもう少し詳しく教えていただけますでしょうか。

（笠井）：見方については，領域ごとにいろいろな見方があるのではないかと考え

ています。例えば，数と計算については，数とその表現や計算，数量の関係，計算の意味に着目する，などです。具体的な問題解決の場面によって，どのような見方・考え方を働かせるかは変わってきます。そこで，このことをぜひ実際の授業で明らかにして理解を深めてもらえればと考えています。

盛山：この本のテーマでもある「数学的な見方・考え方」を意識した授業をみんなで提案していきましょう！

具体的に「見方・考え方を働かせる」とは

盛山：授業の中で「数学的な見方・考え方を働かせる」とはどういうことなのか，具体的に考えてみましょうか。

たとえば，5年の平行四辺形の面積の求め方を考える授業です。

どの教科書でも単位正方形（1㎠の正方形）の方眼の入った平行四辺形の図から始めます。子どもは単位正方形を数えるけれども，欠けているところがうまく数えられない。**そこから先，手が付かない子どもたちに，どのような手立てをとりますか。**私はここで見方をヒントにするとよいと思うのですが，どうでしょうか。ここでは，求積が既習である長方形に着目して考えていきますから，「どうにかして長方形にできないかな」というのは，ここでヒントにできる見方の1つですよね。

折田：「長方形に着目する」ということも見方だと思いますが，「図形の形を変える」ということも見方といえるのではないでしょうか。

4年の面積の学習で扱うL字型の図形は，2つの長方形に分割したり，大きな長方形とみて補った部分をひいたりと，面積の求め方がいくつかあります。

◆2つの長方形に分割　　　　　　◆大きな長方形とみる

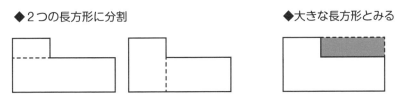

これらの求め方の共通点は「長方形という形を見つけること」です。そういう見方ができると，扱ったことのない図形を前にしても「あっ，L字型のときに長方形にすればいろいろなやり方をして面積が求められたな」という見方ができるのではと思います。

沖野谷：算数が苦手な子どもは，平行四辺形の斜めの辺を長方形でいう縦，つまり高さだととらえていることがあります。長方形のときは辺の縦×横で面積が求められたので，それを適用している。そのあたりからスタートした方が，そもそも「高さ」とは何か，ということを考えられるので，**算数のいちばん苦手な子どもの立場に立つ**といいのかなと思います。

青山：平行四辺形の面積の導入のところで，4つの辺の長さが等しい長方形と平行四辺形について，どちらが広いかを考えさせることがあります。

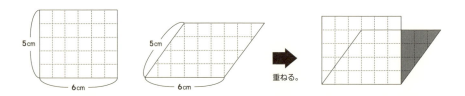

　この場合，子どもは比較のために重ねて，図のようにはみ出た部分を切ると思うんです。結果として，長方形の方が大きい。辺の長さが等しくても面積が異なる。こうなると，単に辺の長さ同士をかけ算しただけでは平行四辺形の面積は求められないことに気づけると思うんです。

盛山：なるほど。見方をヒントにしてみることを考えていましたが，それは問題設定によって見方を働かせやすくしてみようということですね。

青山：この展開だと，教師がヒントを与えるのではなく，子ども自身が活動を通して見方をつかむ感じですよね。**困ったときに先生のヒントでなんとかするのではなくて，自分で解決していく中でこそ，子どもは見方や考え方を使うようになる**のかな，と思っています。

大村：単元の最初の長方形と平行四辺形の比較では，面積がどこで決まるのか，自分からは気づけない子どももいます。でも，分かっている子どもが，知っている

形にすればいいとか,垂直をつくれば面積が求められるとか,考えとして出すことで,思いつかなかった子たちが気づいて,次の面積の学習のときに発揮できればいいと思います。考えを発揮できない子どもの理解を促すように,分かっている子たちに発言させるような展開をしていくと,見方や考え方が個々の中で豊かになっていくんじゃないかなと。

(笠井): 1回の授業の中で働かせたい見方・考え方をおさえることも重要ですが,**単元全体でどういう見方・考え方を働かせていきたいか**を把握しておいて,それを授業の中で段階的に価値づけていくことも大事にしたいですね。

(正): 既習の内容もあるので,もとの図形を切って動かす,というアイデアは子どもからも出てきやすいですが,長方形にするという目的をもったり面積の保存性などを理解したりしたうえで切っている子と,ただやみくもに切っている子が混在しているのが,多くの授業の実態かなと思います。

(笠井): そうですね。もとの図形を切って動かすことの目的や,そうしてよいという保証も大切ですね。どのような考え方で思考を進めていくとよいのか,という視点を大切にしたいです。また,何に着目すればいいかが見えてほしいですよね。

(盛山): 試行錯誤しても,漠然とやっていて何に着目すればよいか気づけない子と,どんどん気づいて整理して洗練していく子とがいるんですよね。見方・考え方を,知識としてもっているだけではだめで,「働かせる」というのはそういう差のことかなと思います。

(笠井): 授業の中で,今日の問題解決に,どのような見方・考え方がうまくいったのかを振り返り話し合うことで,クラス全体で見方・考え方がだんだん豊かになっていく,広がっていくのではと思います。

(盛山): **見方・考え方はこういうもの,というのが分かっておしまいではなくて,それを実際の授業でどうやって活かすか**,なんですよね。前の授業できちんとやっていても,その後で既習として活かせない子がいる。私は,そういう子たちにどういう手立てを打つか,というところまで考えたいんです。そうしたときに,その授

業，その単元での見方・考え方の枠組みを，我々教師がとらえておくと，見方・考え方を働かせるためのヒントを出せる。単元が進んでいくと，少しずつヒントの内容も変わっていくと思います。ただ，どう考えていくかまで，あまり細かく指導しちゃうと，子どもが考えることなくもう全部終わっちゃうので，そのあたりにとどめるイメージですね。

今までの授業と何が変わるの？

(盛山)：学習指導要領で強調されている「数学的な見方・考え方」を働かせる授業というのは，**今までの授業とは何が変わっていく**のでしょうか。

(小島)：子どもたちが1つの方法で解決して満足するのではなく，別の方法はないかと考え，考え方の相違点や共通点を見出していく過程で，数学的な見方・考え方を働かせることができたらと思います。

(笠井)：そうですね。先ほどの平行四辺形の面積を求める授業の例でいうと，平行四辺形をなんとかして長方形に直せないかなと考える子どもがいたり，単位正方形がいくつ分なんだろうかと考える子どもがいたり，色々な見方を働かせて解決しようとすると思います。もし答えが求められなかったとしても，そういう**見方を働かせようとしていること自体がとても大事なこと**なんだと思っていますし，それが今回の新学習指導要領で大事なポイントなのではないでしょうか。

(盛山)：なるほど。ここでもう1つ質問なのですが，見方に全く気づけない子どもたちはどうすればよいのでしょうか。

(沖野谷)：私のクラスでは，自力解決でつまずいている子に困っていることを聞き，クラス全体で共有します。その友だちの困り感に対して，みんなで

ヒントを出し合い，思考の着眼点を豊かにしていくことが大切だと考えています。

盛山：ヒントですね。先ほどの具体例でもありましたが，数学的な見方をヒントにしたいのであれば，「どこに目をつければいいか教えて」などという風に，着眼点のみをヒントにするのがよいのかもしれないですよね。私は，できるだけ見方をヒントにしようと授業では意識をしています。

沖野谷：過去の学習を振り返って，教師が「今までの学習と似ているところはないかな？」と問い，見方・考え方を統合することも大切だと思います。また，問題解決ができた際には，「どうしてその考えを使おうとしたの？」と問い，無意識に働かせていた見方・考え方を顕在化させることも有効です。

折田：ここまで皆さんで「見方に気づけていない子」にどうアプローチするかという話をされてきたと思うのですが，そういう子を生みださないように，1つ前の授業の終わりに子どもたちに見方・考え方をちゃんと残してあげるということも，大事な手立てなのではないかと思います。

盛山：では，具体的に先ほどの平行四辺形の例で考えると，斜めの部分が数えられなくて困っているとして，そこは前時とのつながりがなかなかないですよね。どうしたらよいでしょうか。

折田：それは，4年の正方形，長方形の面積，複合図形の面積を指導する際に，子どもたちに図形を切って動かして考えてもいいんだよということをどれだけ残せているかなんじゃないかと思います。

笠井：そうですね。最初から「平行四辺形の面積を求めましょう！」と言って，平行四辺形しか子どもたちに提示しないと，なかなか自力解決は厳しいけれど，最初に既習の正方形や長方形，L字型の図形，台形，平行四辺形を並べて，既習のものと未習のものに分けながら，「L字型の図形の面積ってどうやって求めたっけ？」などと問いかけたり，もう一度振り返って板書に残しておいたりすることで，「前にやった考え方や見方が，今回も使えるかもしれない……」となることもあるんじゃ

ないかと思っています。

（正）：ここまでのお話を聞いて思ったのは，授業の終わりに**今日はどんな見方・考え方をしてきたのかをしっかりと振り返り，整理して，次の学びで使えるようにすることが大事**なんだなと。クラスには算数が苦手な子もいますが，なぜこの問題はできなそうだと思ったのか，何が分かれば

できそうかというように，子どもたちの「なんだかよく分からない……」という部分をクリアにしてあげて，次の学習につなげられるようにしたいと思いました。

評価ってどうすればいい？

（盛山）：数学的な見方・考え方を働かせて思考力・判断力・表現力などの資質・能力を育てるということですが，評価はどのような形がよいのでしょうか。

（笠井）：基本的には，見方・考え方ではなく，資質・能力の方を評価する，と考えていただくのがよいと思います。

（盛山）：思考力・判断力・表現力は育てた先だから，これは評価すべきだけれど，途中で働かせる見方・考え方は評価の対象にはしなくてもよいのではないか，ということでしょうか。

　例えば，平行四辺形の面積の求め方を説明させる問題を単元末のテストで出すとします。単元末の段階で，単位正方形を数えている回答と，等積変形している回答があったとき，これは評価が違ってきそうな気がします。そう考えると，見方・考え方自体も評価の対象にできるように思いますが……。

（笠井）：「見方・考え方を評価する」とした場合，各学年の見方・考え方を一覧にして暗記するような流れができてしまうことを危惧しているんです。

大村：ああ，そうなると，見方・考え方が知識のようになって，見方・考え方を働かせられるかどうかに目がいかなくなってしまいますね。

笠井：様々な見方・考え方を知っているのはもちろんよいことですが，それを使うことができないと，問題解決には役立ちません。見方・考え方を使って問題解決ができたときに，それは思考力・判断力・表現力として，評価すればいい。見方・考え方だけを取り出さず，**見方・考え方を働かせた結果，問題解決できていることが大切である**，と考えてほしいと思います。

盛山：なんとなく分かってきましたね。見方・考え方を，知識としてもっているだけでは十分ではない。働かせて，問題解決に使えなければもったいない。

笠井：見方・考え方を評価対象にはしないとしても，授業の中で，どんな子にどんな力がついたか，は記録した方がいいと思います。授業を通して子どもがどのように変化したか。「最初は見方・考え方を働かせられなくて困っていた子どもが，最後にこの問題に対しては，授業の中で見出した見方・考え方を使ってこのように解いていた」といったように。

盛山：私は日頃から授業のノートに子どもの考えを書かせているので，どんな力がついたか，どのように変わったかを見とることができそうです。

青山：**黒板でネームプレートを使って，子どもそれぞれが発言したことを残し，授業終了後に写真を撮っています**が，集団での問題解決のときの考えの動きが分かるので，これもそういった評価に使えそうです。みんなにとって大切な思考のプロセスを表している発言のほか，前に言ったことを別の子が拾って次の時間に活用した発言なども評価します。

盛山：笠井先生，評価として，その授業の最後に適用題に取り組ませるのもよいのでしょうか。

笠井：そうですね。適用題をその時間の最後に入れておいた方が，学んだことを使うサイクルが繰り返されるからよいと思います。

（大村）：その適用題って、知識・技能ではなくて、思考力・判断力・表現力の評価になるようなものですよね。例えば、平行四辺形の面積の公式を見出した授業の最後に、同じ平行四辺形の面積の適用題をやっても、それは知識・技能をみることになりますよね。

（笠井）：そうですね、単純に同じ型の問題を繰り返すのは、知識・技能の評価になります。でも、**数値や形を少し変えるだけでも、思考力・判断力・表現力は見とれる**ものですよ。オーソドックスな形の平行四辺形の後に、高さが図形の外にある平行四辺形を提示してみたり、底辺の長さ、高さの数を偶数から奇数に変えたりするだけでも、単位正方形では求めづらくなるなど、取り組み方は変わってきます。

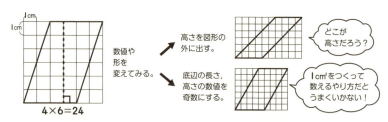

やっぱり、子どもは自分でやってみて初めて、こっちの方法が簡単だと実感できる。よく、やり方を発表だけさせて、「どのやり方が簡単だと思う？」と尋ねることがありますが、友だちの考えを聞いただけでは、簡単かどうか実感がもてません。
　数値が違うだけというと大したことがなさそうですが、そう単純じゃないんですよ。十分適用題になります。

（盛山）：数値の変更、形の変更、場面の変更、このレベルで適用題に取り組んでみる、と。それがちゃんと全員解ければ、「みんなができた！」といえる。

（笠井）：もちろん、適用題じゃなくても、そういうことはできると思います。最初はつまずいていた子どもが**最終的にはこんな風にノートを書いていましたよ**、ということでもよいです。
　その時間内でなくても、**後の時間の学習内容に活かせているか**をみてもよいと思います。平行四辺形の面積の学習後、次の面積の学習で、平行四辺形のときに学習したことを使って考えることができているか、などです。

（盛山）：先生方、ではこの座談会のお話を基に、授業提案を考えてみましょう！多様性のある提案を期待しています。ありがとうございました。

第1章

算数科における新学習指導要領改訂のポイントと
数学的な見方・考え方を働かせる授業の構想

算数科における新学習指導要領改訂のポイントと
数学的な見方・考え方を働かせる授業の構想

国立教育政策研究所教育課程研究センター研究開発部　教育課程調査官・学力調査官
文部科学省初等中等教育局教育課程課　教科調査官
笠井　健一

1　新学習指導要領で何が変わったのか

　新学習指導要領における算数科の改訂のポイントを5つ挙げるとすると次の通りです。

（1）算数科で育成を目指す資質・能力を明確にするために，目標及び内容を資質・能力の3つの柱で整理しました。

　今回の学習指導要領の改訂に際しては，幼児期に育まれた数量・図形への関心・感覚等の基礎の上に，小・中・高等学校教育を通じて育成を目指す資質・能力を，「知識及び技能」，「思考力，判断力，表現力等」，「学びに向かう力，人間性等」の3つの柱に沿って明確化し，各学校段階を通じて，実社会との関わりを意識した数学的活動の充実等を図っていくことにしました。

　算数科における「知識及び技能」，「思考力，判断力，表現力等」，「学びに向かう力，人間性等」は，まず，教科目標や学年目標に示されています。

　算数科の目標は次の通りです。

　数学的な見方・考え方を働かせ，数学的活動を通して，数学的に考える資質・能力を次のとおり育成することを目指す。

⑴　数量や図形などについての基礎的・基本的な概念や性質などを理解するとともに，日常の事象を数理的に処理する技能を身に付けるようにする。

⑵　日常の事象を数理的に捉え見通しをもち筋道を立てて考察する力，基礎的・基本的な数量や図形の性質などを見いだし統合的・発展的に考察する力，数学的な表現を用いて事象を簡潔・明瞭・的確に表したり目的に応じて柔軟に表したりする力を養う。

⑶　数学的活動の楽しさや数学のよさに気付き，学習を振り返ってよりよく問題解決しようとする態度，算数で学んだことを生活や学習に活用しようとする態度を養う。

また，学年目標は，従来の領域ごとの書き方を変更し，教科目標を受けて，「知識及び技能」，「思考力，判断力，表現力等」，「学びに向かう力，人間性等」の３つの柱ごとにそれぞれ(1)，(2)，(3)で示すことにしました。

　指導事項については，従来の書き方を変更し，「知識及び技能」と「思考力，判断力，表現力等」に分けて記述することにしました。

　第１学年の〔Ａ数と計算〕の(2)加法及び減法に関わる指導事項を，例として次に示します。

---

(2) 加法及び減法に関わる数学的活動を通して，次の事項を身に付けることができるよう指導する。

ア　次のような知識及び技能を身に付けること。

　(ｱ)　加法及び減法の意味について理解し，それらが用いられる場合について知ること。

　(ｲ)　加法及び減法が用いられる場面を式に表したり，式を読み取ったりすること。

　(ｳ)　１位数と１位数との加法及びその逆の減法の計算が確実にできること。

　(ｴ)　簡単な場合について，２位数などについても加法及び減法ができることを知ること。

イ　次のような思考力，判断力，表現力等を身に付けること。

　(ｱ)　数量の関係に着目し，計算の意味や計算の仕方を考えたり，日常生活に生かしたりすること。

　「思考力，判断力，表現力等」の中で「〜に着目して」と書かれた部分については，数学的な見方・考え方の見方について示しています。

（2）算数科で目指す資質・能力を育成する観点から，数学的活動を一層充実しました。

　日常生活や社会の事象，数学の事象から問題を見いだし主体的に取り組む数学的活動を充実することとしています。算数科で目指す資質・能力を育成するための活動として，算数・数学の問題発見・解決の過程について次の2つの過程が相互に関わって展開します（図を参照）。「日常生活や社会の事象を数理的に捉え，数学的に表現・処理し，問題を解決し，解決過程を振り返り得られた結果の意味を考察する，という問題解決の過程」と，「数学の事象について統合的・発展的に捉えて新たな問題を設定し，数学的に処理し，問題を解決し，解決過程を振り返って概念を形成したり体系化したりする，という問題解決の過程」です。

　これらの過程は小・中・高等学校共通であることを確認したことを踏まえ，小学校の算数的活動を数学的活動として捉え直し，記述の仕方を変えることにしました。上学年は中学校とそろえて3つの活動類型で示し，下学年はそれに算数独自の類型を1つ加えて4つの活動で示しています。

（3）数学的活動を通して働かせる数学的な見方・考え方や育成する資質・能力に基づき，領域の構成を見直しました。

　領域の構成を「A数と計算」「B図形」「C測定（第1学年～第3学年）」「C変化と関係（第4学年～第6学年）」「Dデータの活用」に見直しを行いました。

　改訂前の「数量関係」の領域には「式の表現と読み」「関数の考え」「資料の整理と読み」という3つの内容が含まれていました。そこで，「資料の整理と読み」に含まれていた内容を基に，「データの活用」の領域として分離し，独立させることにしました。そして「関数の考え」に含まれていた内容を元に「変化と関係」の領域として分離し，独立させることにしました。「式の表現と読み」に関わる内容は「数と計算」に含めることとしました。

　改訂前の「量と測定」の内容のうち，図形の角と，面積や体積に関わる内容は，「図形」領域としました。「異種の二つの量の割合」は「変化と関係」領域に，「測定値の平均」は「データの活用」領域にそれぞれ移動しました。

（4）複数のグループの比較を可能とするなど統計に関する内容を充実しました。

　現行中学校第1学年で扱う代表値（平均値・最頻値・中央値）を第6学年に移行するなど統計の内容を充実しました。

（5）簡単な割合を用いた比較の仕方を新たに取り扱うなど，全国学力・学習状況
　　調査などで課題として挙げられていた割合に関する内容を充実しました。

　第4学年において，数量の関係同士を比較する方法として，簡単な割合を用いた比較の仕方を新たに扱うこととしました。

2　数学的な見方・考え方とは何か

（1）数学的な見方・考え方とは

　数学的な見方・考え方は，今回，「事象を数量や図形及びそれらの関係などに着目して捉え，根拠を基に筋道を立てて考え，統合的・発展的に考えること」と整理しました。

　算数の学習において，どのような視点で物事を捉え，どのような考え方で思考をしていくのかという，物事の特徴や本質を捉える視点や，思考の進め方や方向性を意味し，「知識及び技能」，「思考力，判断力，表現力等」及び「学びに向かう力，人間性等」の全てに対して働かせるものとしています。

（2）数学的な見方・考え方を働かせた授業改善の構想
（ⅰ）　数と計算の例

　第6学年のA数と計算(1)分数の乗法，除法において，次のような思考力，判断力，表現力等を身に付けることが示されています。

> ㈠　数の意味と表現，計算について成り立つ性質に着目し，計算の仕方を多面的に捉え考えること

　分数の乗法及び除法については，分数の意味や表現に着目したり，乗法及び除法に関して成り立つ性質に着目したりして，分数の乗法及び除法について多面的に捉えて，計算の仕方について，児童が工夫して考え出せるようにしたいものです。

分数の意味や表現に着目することとは，分数の意味に基づいて $\frac{a}{b}$ を $\frac{1}{b} \times a$ と捉えたり，$\frac{a}{b}$ を $a \div b$ とみたりするなど分数を除法の結果と捉えたりすることなどです。

例えば，分数の意味と表現に着目して，乗数を単位分数のいくつ分とみると，$\frac{4}{5} \times \frac{2}{3}$ という分数の乗法を次のように計算することができます。

$$\frac{4}{5} \times \frac{2}{3} = \frac{4}{5} \times \frac{1}{3} \times 2 = \frac{4}{5} \div 3 \times 2 = \frac{4 \times 2}{5 \times 3} = \frac{8}{15}$$

また，乗数の $\frac{2}{3}$ を $2 \div 3$ の結果とみると，次のように求めることができます。

$$\frac{4}{5} \times \frac{2}{3} = \frac{4}{5} \times 2 \div 3 = \frac{4 \times 2}{5 \times 3} = \frac{8}{15}$$

計算に関して成り立つ性質に着目することとは，乗法に関して成り立つ性質や除法に関して成り立つ性質，交換法則，結合法則などの四則に関して成り立つ性質に着目することです。

例えば，除法に関して成り立つ性質を用いると，$\frac{2}{5} \div \frac{3}{4}$ という分数の除法を次のように計算することができます。

$$\frac{2}{5} \div \frac{3}{4} = \left(\frac{2}{5} \times 4\right) \div \left(\frac{3}{4} \times 4\right) = \left(\frac{2}{5} \times 4\right) \div 3 = \frac{2 \times 4}{5 \times 3} = \frac{8}{15}$$

また，次のように求めることもできます。

$$\frac{2}{5} \div \frac{3}{4} = \left(\frac{2}{5} \times \frac{4}{3}\right) \div \left(\frac{3}{4} \times \frac{4}{3}\right) = \left(\frac{2}{5} \times \frac{4}{3}\right) \div 1 = \frac{2}{5} \times \frac{4}{3} = \frac{2 \times 4}{5 \times 3} = \frac{8}{15}$$

なお，このように計算に関して成り立つ性質などを用いて計算の仕方を考えることは，抽象度が高く，児童によっては分かりにくいということがあります。そういう場合は，適宜，面積図などの図を用いて考えさせることも大切です。

このように，数の意味と表現，計算に関して成り立つ性質に着目することで，多面的に筋道を立てて計算の仕方を考えるなどして，数学的な見方・考え方を伸ばしていくようにしたいものです。

このような見方・考え方が，分数の乗法や除法にはあるということを教材研究しておくことが大切です。

(ⅱ) 図形の例

第5学年のB図形(3)平面図形の面積において，次のような思考力，判断力，表現力等を身に付けることが示されています。

> (ア) 図形を構成する要素などに着目して，基本図形の面積の求め方を見いだすとともに，その表現を振り返り，簡潔かつ的確な表現に高め，公式として導くこと

第5学年においては，基本図形の面積の求め方を，図形を構成する要素などに着目して，既習の求積可能な図形の面積の求め方を基にして考えたり，説明したりすることが大切です。

第5学年において思考力，判断力，表現力等を発揮させる基となる図形の見方・考え方としては，例えば次のようなものが考えられます。

① 図形の一部を移動して，計算による求積が可能な図形に等積変形する考え
② 既習の計算による求積が可能な図形の半分の面積であるとみる考え
③ 既習の計算による求積が可能な図形に分割する考え

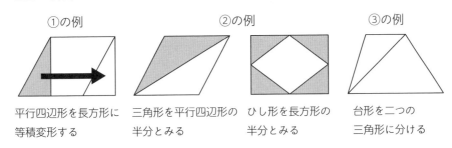

①の例　平行四辺形を長方形に等積変形する
②の例　三角形を平行四辺形の半分とみる　ひし形を長方形の半分とみる
③の例　台形を二つの三角形に分ける

基本図形の面積の求め方を考える中で，上記のような図形の見方・考え方を働かせることによって，児童が自ら工夫して面積を求めることができるようにすることが大切です。さらには，図形の見方・考え方を活用して，三角形などを組み合わせた形や一般の四角形などの面積の求め方を考え，測定できるようにするといった発展的に考察する態度を養うことも大切です。

例えば平行四辺形の面積を求めることについては，（あ）のような高さが図形の内部にある平行四辺形を長方形に等積変形して面積を求めるだけでなく，（い）のような高さが図形の内部にない平行四辺形の面積を求める場面においても，図形の見方を活用して考え，説明できることが大切です。ここでは，等積変形で（う）のように長方形に変形することや，（え）や（お）のように，（あ）で学習して求めることができるようになった平行四辺形に帰着させて面積を求めることを説明することが考えられます。

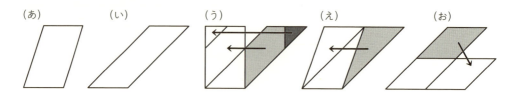

　このような活動を続けて行うことで，例えば，（か）のような三角形の高さを二等分して等積変形し平行四辺形にして面積を求めようとする考えは，（き）のような特殊な三角形の場合や，（く）のような台形の場合でも活用できる考え方であることが分かっていきます。

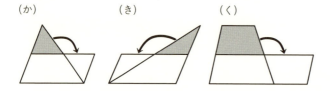

　このように図形の面積の学習では，単元のまとまりを意識して，既習の面積の求め方の考えを活用することを繰り返すことにより，そのよさを実感することができるようにしたいものです。

3 数学的な見方・考え方を働かせ，みんなができる授業になるために

　数学的に考える力を育成するための問題解決型の授業を拝見する機会が多くあります。その中で，「学び合いの後，子どもたちが深く学んだのか，先生に確認をしてほしい。」という思いから，最後にもう1問似た問題を解かせてはどうかと先生方に提案して数年が経ちます。

　最初の問題に似た問題を評価問題として出し，最初は解けなかった子が解けるようになったのか，一通りで答えを求めていた子が別の友達の考え方でも答えが求められるようになったのか確認してほしいからです。

　実際，評価問題を出していただくと，何人かの子どもは実際にできるようになっていますが，実は変わっていない子どもがいることに気がつきます。

　友達の考えを聞いてはいるが，理解していないのです。学び合いが完全に成立していないのです。それは，考えを伝え合っているだけだからです。集団解決のとき，ある子どもが黒板の前で発表しても「分かりました」と言っているだけだからです。

　授業は，発表会で終わる集団解決から，それぞれの子どもが深い学びに向かう集団解決へ変わる必要があります。

　そのためには，まず聞いている子どもの意識を変えることが大切です。自分がよりよく問題を解くことができるようになるために，友達の発表を真剣に聴いて，分からないことは質問して，自分でも同じように答えを求めるようになろうという思いをもって授業に参加することが大切です。だから，そのことをまず教師が伝えることが必要です。

　けれども，教師がそう言って子どもが分かるならこんなに簡単なことはありません。言ってもすぐには変わりません。

　自力解決のとき，つまずいていた子どもは誰か，今日できるようになってほしい考えをしていなかった子どもは誰かを把握して，その子が実際に分かったのかを確認しながら，集団解決の司会を教師が進めていく必要があります。

　聴いている子どもが，みんなうなずいているのだろうか。クラスの多くの子どもが「分かりました」と言っているときに，口を動かしていない子どもはいないだろうか。

　分かっているのなら，同じことが言えるはずです。自分の言葉でも言えるはずです。友達の考えをノートに写して，それを指さしながら説明できるはずです。

「どうして〜なのですか」とペアで聞き合い説明し合っているときに、教師はさりげなく、気になっている子どものそばに寄り添い何を話しているのか聴くのです。
　ときには、違う数値を出して同じように解けるかノートに書かせてもよいと思います。子どもがノートに説明を書けていれば、よく分かったと判断できるからです。
　教師が形成的評価をしながら、集団解決を進めるのです。
　一方で、説明する子どもも上手に説明できていないことも多いです。ただノートに書いてあることを読むだけの説明しかできないからです。とすると、教師は、子どもがした説明に対して、説明した子どもにではなく、クラスの全員に適切な問い返しをすることが大切になります。何を問い返すとよいのかは、教材やそのときの子どもの説明によって異なります。ほかにも書き加えていくような説明ができるように支援することも大切です。
　このような授業の実際の例を以下に示します。

　第6学年の、$\frac{1}{4} \div 3$ の計算の仕方を考える授業です。その中で授業展開する上での留意点を考えましょう。
　授業の最初に、「$\frac{\square}{4}$ L のジュースを3人で等しく分けました。1人分は何Lでしょう。」と問題を書きました。そして、□の中に9や6を入れ、前時に行った $\frac{9}{4} \div 3$ や $\frac{6}{4} \div 3$ の計算の答えを確認しました。
　その後、□の中に1を入れ、このときの式は同じように $\frac{1}{4} \div 3$ になることを確認しました。
　すると子どもたちは、「分子の数で割り切れない」と、この計算は初めて計算することに気づき、「$\frac{1}{4} \div 3$ の計算の仕方を考えること」を学習のめあてに設定しました。
　自力解決の様子を見てみると、$\frac{1}{4}$ の面積図をかいて、3等分しようとするが、どうしていいか分からない子がいる一方で、先行学習で学んでいて、3を分母にかけて $\frac{1}{12}$ と答えを出している子もいます。中には、昨日のノートを振り返り、$\frac{6}{4} \div 3$ のときの面積図を見て考えている子、$\frac{1}{4}$ が6つあるので、6÷3で2なので $\frac{2}{4}\left(\frac{1}{2}\right)$ が答えだったことを振り返っている子もいます。

自力解決の後，学び合う時間で最初に指名された子どもは，「分子の数で割り切れないので，分母の4に3をかけて，$\frac{1}{12}$ と答えを出しました。」と発表しました。教師はこの式を板書し「何か分からないことがある人はいますか？」と尋ねました。

　すると一人の子が手を挙げて答えました。

「なんで，分母に3をかけるのですか？」

　教師はこの問いを板書「この質問に答えてあげられる人はいますか？」とクラス全員に聞きました。

「分子が割り切れないからです。」

「同じです。」

「同じです。分子が割り切れないからです。」……

　質問した子どもはその答えではよく分からないという顔をしています。そこで教師は次のようにクラス全員に問い返しました。

「では，分子が割り切れないときは，なぜ分母にかけるのですか？」

　先ほど勢いよく答えていた子どもたちは答えられません。この子たちは先行学習で「除数を分母にかけることで計算できる」いう手続き的知識は教えられているのですが，「なぜ分母にかければよいのか」という意味的知識は教えられていないからです。

　そこで教師は「今日はこのことについて考えてみましょう。」と言い，「3を分母にかけて答えを出していいのはなぜ？」と学習のめあてを焦点化しました。

　そして，「図を使って答えを求めた人がいます。昨日も図は分かりやすかったですね。どんなふうに説明してくれるのか，ききましょう。」と別の方法で答えを求めた子どもの考えを発表させました。

「私は図を使って考えました。$\frac{1}{4}$ なので，まず正方形を四等分しました。この色のついた部分が $\frac{1}{4}$ です。$\frac{1}{4} \div 3$ なので，この色を塗った部分を3等分します。」

　教師はここで話をやめさせ「ではみんな，想像してみましょう。○○さんはどういうふうに3等分するのかな。ノートに図をかいて3等分にしてごらん。」と言いました。

　多くの授業では，1人の子どもが発表すると，その発表を最後までさせることが多いと思います。けれども，説明をきいているうちに，途中でついて行けない子がいることも多いのです。そこで，先生は説明をとめ，ここまで分かっているのか確認したのでした。

また，ここまで分かったのかを確認するときに「ここまで分かりましたか？」と聞くこともよく行われていることです。けれどもそれも形式的に行われていて，「分かりました。」と言う子どもがいる一方で，そう言っていない子どもがいることに気づくことが大切です。そこでこのように，全員にノートに書かせて次のように説明し合わせるのです。

　クラス全員がノートに３等分した図をかいたことを確認した後，「では隣の友達と，どういうふうに３等分したのか確認し合ってごらん。」と投げかけました。
「同じだったペアは？違ったペアはありませんか？」
「私は横に３等分したけど，隣の○○さんは縦に３等分していました。」
「３等分の仕方もいろいろあるようですね。さて○○さんはどのように３等分したのでしょうか。」
「私は縦に３等分しました。この部分は全体を12個に分けた１つ分なので $\frac{1}{12}$ になります。」

　そこで教師が「みんな分かりましたか。」と尋ねると，「はい」と多くの子どもが答えている中で，顔が曇っている子どもがいます。そこで「12ってどこが12なのですか。隣の友達と確認し合ってごらん。」と投げかけました。
「１，２，３，……だから12です。」
「縦が４個，横が３個なので４×３で12です。」
「あっそうか。」
「あっそうかって，何が分かったの？」
「さっきの分母にかけるときも４×３だった。」

　12を通して数えて求めている子どももいれば，かけ算で答えを求めている子どももいます。

　そこで，この図のどこが４×３なのかを確認します。
「４×３と，３を分母にかけるわけが図から見えてきましたね。」

　この後，$\frac{1}{4}$ を同じ大きさの分数の $\frac{3}{12}$ に変えることから説明する子どもが続いていきます。このことからも，４×３と，３を分母にかけることの理由が説明できます。またこのことを図に表してみることでも説明できることが確認できます。

　このように，学び合いのときに，教師が適切な問い返しを入れて，プチ自力解決，プチペア学習を取り入れることが，全員が友達の考えを自分のものにする学習では必要だと考えています。

4 学習評価について

　今回の学習指導要領改訂では，各教科等の目標や内容を「知識及び技能」，「思考力，判断力，表現力等」，「学びに向かう力，人間性等」の資質・能力の3つの柱で再整理しています。これらの資質・能力に関わる「知識・技能」，「思考・判断・表現」，「主体的に学習に取り組む態度」の観点別学習状況の評価の実施に際しては，このような学習指導要領の内容に沿って評価規準を作成し，各教科等の特質を踏まえて適切に評価方法等を工夫することにより，学習評価の結果が児童生徒の学習や教師による指導の改善に生きるものとすることが重要です。

　「『主体的に学習に取り組む態度』と，資質・能力の柱である『学びに向かう力・人間性』の関係については，『学びに向かう力・人間性』には①『主体的に学習に取り組む態度』として観点別評価（学習状況を分析的に捉える）を通じて見取ることができる部分と，②観点別評価や評定にはなじまず，こうした評価では示しきれないことから個人内評価（個人のよい点や可能性，進歩の状況について評価する）を通じて見取る部分があることに留意する必要がある」とされたことから，名称を変更しています。

　平成31年1月21日の中央教育審議会初等中等教育分科会教育課程部会報告「児童生徒の学習評価の在り方について」を踏まえて，平成31年3月29日「小学校，中学校，高等学校及び特別支援学校等における児童生徒の学習評価及び指導要録の改善等について（通知）」が発出されました。その中で，算数について以下のように評価の観点の趣旨が示されています。

知識・技能	思考・判断・表現	主体的に学習に取り組む態度
・数量や図形などについての基礎的・基本的な概念や性質などを理解している。 ・日常の事象を数理的に処理する技能を身に付けている。	日常の事象を数理的に捉え，見通しをもち筋道を立てて考察する力，基礎的・基本的な数量や図形の性質などを見いだし統合的・発展的に考察する力，数学的な表現を用いて事象を簡潔・明瞭・的確に表したり目的に応じて柔軟に表したりする力を身に付けている。	数学的活動の楽しさや数学のよさに気付き粘り強く考えたり，学習を振り返ってよりよく問題解決しようとしたり，算数で学んだことを生活や学習に活用しようとしたりしている。

基本的に，算数科の目標に合わせて，観点の趣旨を示していますが，「主体的に学習に取り組む態度」については，「粘り強く考えたり」という文言を追加しています。それは，報告の中で，「主体的に学習に取り組む態度」について「① 知識及び技能を獲得したり，思考力，判断力，表現力等を身に付けたりすることに向けた粘り強い取組を行おうとする側面と，② ①の粘り強い取組を行う中で，自らの学習を調整しようとする側面，という二つの側面を評価することが求められる」とされたことにより追加したものです。

　報告の中では，学年ごとの観点の趣旨も示されています。実際に評価する際は，学年ごとの評価の観点の趣旨と内容を踏まえて，各単元ごとに評価規準を作成し，評価を進めていってほしいと思います。

※文中の図は，『小学校学習指導要領（平成29年告示）解説算数編』を参考に光文書院で作成

第2章

算数の授業で数学的な見方・考え方を重視する意義

算数の授業で数学的な見方・考え方を重視する意義

筑波大学附属小学校　盛山 隆雄

1　子どもに優しい先生になるために

　数学的な見方・考え方を大切にする授業とは，子どもの表面的な動きや子どもの出す結果だけにとらわれないで，結果にたどりつくプロセスや子どもの内面に目を向けるという意味をもちます。

　算数・数学は，冷たい側面をもっています。答えが一意に決まることが多く，正答か誤答かではっきり評価されてしまうからです。結果だけで評価する世界はある意味で分かりやすいのですが，正答できない子どもはやる気を失うでしょう。

　また，正答を出すことだけが評価の観点になると，どんな手段を使ってもよいわけですから，果たして算数・数学で育てたい思考力が育つか疑問です。

　そして，何よりも結果重視の算数・数学では，本来算数・数学がもっている魅力を子どもに伝えることが難しくなります。

　そうではなくて，1つの結果を出すために子どもが何を思い，何を考えたのかに注目する世界はわくわくします。子どもの個性や能力との対峙です。

　たとえ結果は間違っていたとしても，どのように考えたのかを真剣にみんなで聞き，理解することはおもしろい活動です。そして，考える方向は間違っていなかったとか，あるところで見方をこう変えればできるといったことを検討します。友だちの立場に立って，1つの考えの分析を行ってみるのです。そのことによって，誰も考えていなかったような宝の発想が見つかることもあります。

　答えが違っていても，見方・考え方や思いを評価して授業を展開することは，子どもにとって優しいことだと思います。

　そういう態度をクラスの子どもたちに教えることは，人を大切にし，コミュニケーションを豊かにするという観点から，人間性，社会性の涵養につながります。

2　数学的な見方・考え方を働かせる授業づくり
―統合的に考察することで理解を深める―

　新学習指導要領では，目標に新しく「統合的・発展的に考察する力」という文言が入りました。数学的な見方・考え方の1つとして注目されています。

　統合的に考察する力は，いわゆる現代化といわれたころの学習指導要領にも登場していました。昭和43年告示・昭和46年施行の小学校学習指導要領の解説である

「小学校指導書　算数編」には，次のような記述があります。

> ……数を操作する演算の意味も，関連して広げて考えるようにすることも必要になる。この場合，処理の方法が同じ文脈のことばで表現されるものには，同じ形式を与えるようにするため，前のものと新しく生み出したものとを包括的に扱えるように意味を規定したり，処理の考えをまとめたりする。これが統合の考えである。

文部省「小学校指導書　算数編」（昭和44年）p.6より引用

さらに，統合的に考察することの目的が述べられている箇所もあります。

> 　算数科の学習では，絶えず，創造的な発展を図るとともに，一面では，創造したものをより高い，あるいは，より広い観点から統合してみられるようにする。さらに，これを次の飛躍への足場としていくなど，創造しつづけてやまないようにすることがだいじであり，このような能力と態度を伸ばすことが期待されているのである。

文部省「小学校指導書　算数編」（昭和44年）p.6より引用

　このような記述から，統合的な考え方は，多くの事柄や考えをそのままばらばらにしておくのではなく，ある観点から互いを関連づけたり，共通することを見つけてまとめたりする考えであることが伺えます。また，その目的は，新たな価値を見出すような創造する能力をつけることであることが分かります。

　しかし私は，目的はそれだけではないと考えています。多くの事柄や考えをばらばらにしておかないで関連づけることは，子どもの内容理解を助けるものです。子どもが「そういうことか，分かった！」となるには，既習の知識と結びつくことが重要です。

　統合的に考察することで，内容理解を助けたり，深めたりする。実はそれが統合的に考察することの大きな意義だと考えているのです。

★統合的に考察することで理解を深める授業の実際

5年生の割合の授業を紹介します。次のことをねらいに授業を行いました。
『既習と未習を関連づけて統合的に考察することで，「○％引き」という条件を理解し，基準量×割合で比較量を求めることができる。』
授業の冒頭，次のように問題を提示しました。

ゆかさんは，２５０円のペンを，□ のねだんで買いました。
代金はいくらですか。

「□ の中に入る条件が袋の中に入っています。これから引いてみます。」
こう言って，1枚引きました。すると，次のようにカードに書いてありました。

30円引き

この問題をまず考えました。全員「250－30＝220　220円」という式と答えをさっと書きました。割合の問題と思い込んでいた子どもたちは拍子抜けの様子でしたが，リラックスできたようでした。
次に，もう1枚のカードを子どもに引いてもらいました。

30

「えっ？」
30の後ろには何も書いてありません。そこで次のように子どもに言いました。
「みんなで条件を考えてみよう。30の下にはどんな言葉が入るかな。」
ペアをつくってしばらく考えてから発表してもらいました。その後，次のような条件文が出てきました。

- ・30円増し　　・30倍　　　・30％
- ・30％引き　　・30％増し　・30年前

「30年前」という条件文にみんな笑いました。割合の授業というと固い授業になりがちですが，このように常に明るい雰囲気で授業は進みました。
「どの条件から考えようか。簡単な方がいいね。」
と言うと，すぐに
「まずは30円増しがいい。」
「30倍も簡単だよ。」

「なんで30倍の値段なの？高すぎるよ。」
といったことを子どもたちが言い出しました。このような対話をしながら順に解決していったのです。

・250＋30＝280　　　280円
・250×30＝7500　　7500円

次に、「30％」の条件文の問題を解くことになりました。このとき子どもから
「70％引きってことか。」
というつぶやきが聞こえたので、板書しておきました。「○％引き」という言葉は、ある意味では日常言語であり、生活経験の中で知っている子どもがほとんどでした。

基準量の30％にあたる値を求める学習は、前時に行っている既習事項です。みんなが学習済みということもあったので、すぐに
「式に書いてみよう。」
と投げかけました。するとほぼ全員が次の式を書きました。

・250×0.3＝75　　75円

「では、図でも表してみようか。」
と言って、教科書にも載っている2本の数直線図を下のようにかいてもらいました。そして、次のように尋ねました。

「30％の場所はどのへんかな？」
この問いについて、子どもに聞きながら下のような図を完成させました。図を用いることで、250円に対する30％の値段のイメージももつことができます。

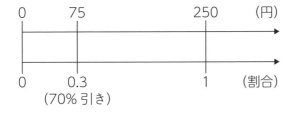

続いて、いよいよ「30％引き」について考えることになりました。この問題は未習なので、図から考えることにしました。

35

「30％引きは，図のどのあたりになるのかな？」
こう言って，「30％」のときと同じように数直線上の位置を考えさせたのです。

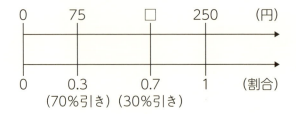

　この問題では，一般に30％引きの意味が分からずに，30％引きを30％として計算処理する誤答が見られます。既に30％が位置づけられている図の中に30％引きを入れるので，そのような間違いは格段に減ります。
　図をしっかりと確認してから立式することで，全員が250×0.7，または250×(1－0.3)と書くことができました。答えは，175円でした。
　この後，「30％増し」についても図から考え，250×1.3＝325と導くに至りました。
　最後に「30％」「30％引き」「30％増し」の問題について振り返りました。
「どれも基準量×割合で求められると思います。」
このような意見に子どもたちは納得しました。同じ図の中に，それらがすべて入っていますので，同じ構造であることを理解しやすくなります。そのことをまとめとしてノートに記述しました。
　この授業は，子どもたちの考えた条件を用い，既習と未習を関連づけて展開しました。理解が難しい割合の内容だからこそ，既習の上に積み上げるように未習の内容を理解させることが，子どもたちにとって優しい展開と考えたからです。
「30％引き」という表現は，日常の買い物の経験から既に子どもたちは知っていることを見込み，子どもに条件を考えさせる展開にしました。
　子どもたちは，自分たちでつくった問題だからこそ，主体的に解決にあたろうとします。そうすると，条件文は多様になり，ユニークなものも出てきます。それをおもしろいと感じてあげることも大切です。
　条件文が変わっても，同じ数直線上に位置づけられること，そして，基準量×割合＝比較量という今までと同じ形式で処理できること，この２点について統合的に考察することで，理解を深めることができました。

第3章

授業事例

第3章

1年
2年
3年
4年
5年
6年

のこりの かずは いくつかな？

先生名：小田 有

 くり下がりのあるひき算の仕方（減加法）を理解し，考えを図，言葉で表現することができる。

本時における新学習指導要領上のポイント

　本時は，くり下がりのあるひき算に初めて出あう場面です。問題場面を通して「はじめの数」，「食べた数」，「残りの数」の関係に着目し，具体的に減法が適用される場面を判断します。「食べた数」（減数）を□にして提示し，既習の範囲で計算できる数をあてはめながら，問題のイメージを深めていきます。場面と式，ブロックによる図を結びつけ，くり下がりのあるひき算の計算の仕方を筋道立てて考えていく授業です。

用意するもの

スティックタイプのあめのイラスト，黒板用ブロック（掲示用）
算数セットのブロック（児童用）

本時の板書計画

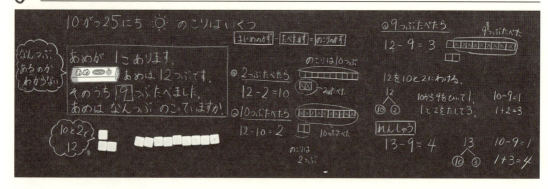

本時の学習前に

- 1位数－1位数，くり下がりのない2位数－1位数の計算を学習している。
- 13－3－7のような，くり下がりのない3口の計算を学習している。
- 「10より大きい数」の単元では，数を「10のまとまりといくつ」に分けて考えている。本時で，ブロックを操作する際にもこの考え方を活用できる。

💬 授業展開

この授業は、「ひき算」の導入として行う。

1 問題提示

T：秋の遠足では、みんないろいろなおやつを持ってきていましたね。先生はあめが好きなんですが、今日はあめの数について考えてみましょう。

・子どもの身近な話題から問題への興味を引き出します。

問題とあめのイラストを掲示する。

```
あめが　1こ　あります。

そのうち、□つぶ　たべました。
あめは　なんつぶ　のこって　いますか。
```

T：残りのあめは何つぶでしょう。
C：1個しか食べられないんじゃないの？
C：違うよ。こういうあめは、あの1個の中に何つぶも入っているんだよ。
C：先生、1個の中に何つぶ入っているかが分からないと、残りの数は分からないよ。
C：何つぶ食べたかも分からないと、残りは分からない。
T：あめ1個に何つぶ入っているかと、何つぶ食べたかが分かれば、残りの数が分かるんだね。
C：そう。
T：では、何つぶ入っているか、つぶの数だけブロックを出しますね。

黒板にブロックを12個出す。

C：1, 2, 3, 4, ……12つぶ！
T：本当に12つぶですか？　絶対に12つぶだとみんながすぐ分かるように、ブロックを並べ替えられる人はいますか。

> **数学的な見方・考え方のポイント**
> 答えを求めるために必要な情報を考え、整理しています。1年のうちからこのような導入を取り入れるとよいですね。
> （盛山先生）

・ばらばらのままではなく、整理すれば数えやすくなるという意識を引き出したいところです。そのために、10より大きい数、くり上がりのあるたし算などの学習でも、ブロックで10をつくる活動を十分に行うことが大切です。

C：はい。

　子どもに黒板のブロックを並べさせる。

T：こう並べた人の気持ちを言える人はいますか。

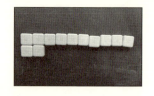

C：10と2で12なので，こう並べたんだと思います。

T：はじめのあめの数は12つぶと分かったね。では，あとは何が分かれば残りの数が分かりますか？

> **評価のポイント**
> 友だちの意図を類推し，考えを発表できています。
> （笠井先生）

C：食べた数です。

C：12つぶから食べた数をひけば，残りの数が分かる。

T：はじめの数の12つぶから食べた数をひくと，残りの数が分かるんだね。

　|はじめのかず| － |たべたかず| ＝ |のこりのかず|
　といえそうですね。

T：では，もし食べた数が2つぶだったら，残りは何つぶですか。式も教えてください。

・ここでの2つの例は，くり下がりのない（十いくつ）－（1位数），（十いくつ）－10が既習事項であるかを確認して行ってください。

C：10つぶです。12－2＝10だからです。

T：12－2＝10を，ブロックで確かめてみましょう。

　ブロックで，「12から2をとって10」を確かめる。

T：では，食べた数が10つぶなら，残りは何つぶですか。

C：2つぶ。12－10＝2だから簡単だよ。

　ブロックで，「12から10をとって2」を確かめる。

T：では，食べた数が9つぶのとき，残りの数はいくつになるか考えましょう。式はどうなりますか。

> **数学的な見方・考え方のポイント**
> ここで12－2，12－10を扱い，ブロック操作をすることで，12という数を10のまとまりと2に分けるという見方・考え方をこの後に働かせるための布石を打っています。
> （盛山先生）

C：12－9です。でも，まだやったことがない計算です。

2　自力解決

T：では，12－9の計算の仕方を考えてみましょう。ブロックを12個出してやってみましょう。

　子どもそれぞれで，ブロックを操作して考える。

3　発表（考えの共有）

T：残りは何つぶになりましたか。

C：3つぶです。

T：どのように考えて3つぶと分かったか，前でブロックを動かして見せてください。

C：12つぶ出して，1つぶ，2つぶ，3つぶ，……，9つぶ食べたら，3つぶ残った。

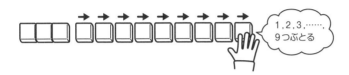

T：残りは3つぶだと確かめられたね。全員このやり方で考えたのかな？

C：違うやり方で出しました。

T：どうやったのか説明してください。

C：12つぶを10つぶと2つぶにして，10つぶの方から，9つぶ一気にとりました。そうしたら，1つぶ残ったのと，こっちの2つぶを合わせて3つぶでした。

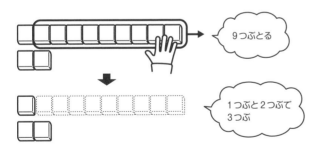

C：1つぶずつ数えるより早いね。

T：ちょっと工夫していますね。誰か，もう一度同じやり方でブロックを動かして見せてください。

もう一度，ほかの子どもにブロック操作を再現させる。

C：12を10と2にして，10のまとまりから9とって，残った1と，置いておいた2を合わせて，3つぶ。

・数えひきで考えた子どもから発表させます。

・子どもが言葉での説明なしでブロック操作のみをしている場合は，適宜操作と同時に言葉での説明を添えるようサポートしてください。

> **数学的な見方・考え方のポイント**
>
> すぐに数のみでの処理に進みがちですが，1年のこの段階では，場面や計算の仕方をブロックで表すことに慣れておくことが，今後，図で場面や計算の仕方を表すときの力になります。
> （盛山先生）

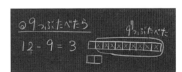

T：友だちの説明をしっかり聞けましたね。今の12－9の計算の仕方を，先生がもう一度言うので，みんなもブロックでやってみましょう。ブロックを12個並べてください。

説明に合わせて，子どもがブロックを操作する。

T：12を10と2に分けます。
　　10から9をひいて1です。
　　1と2をたして3です。

T：次は，隣同士で，説明を言いながらブロックを動かして，合っているか確かめましょう。

ペアで説明しながらブロックを操作して確認する。

T：この計算の仕方は，12個から1個，2個，……，と数えてひく仕方とは違いましたが，名前をつけられますか。

C：「ひいてたして」の仕方。

T：10から9をひいて1で，1と2をたしていたから，「ひいてたして」なんですね。では，「ひいてたして」の仕方をノートに書いておきましょう。黒板に書くので，ノートに書きましょう。

計算の仕方を板書し，ノートに残す。

4　適用問題

T：今度は，13－9の計算の仕方を考えてみましょう。

黒板にブロックを13個並べる。

T：13個あります。13－9はいくつですか。

C：13を10と3に分けます。10から9をひいて1です。1と3をたして4です。

T：13－9＝4と分かりましたね。

C：この計算も，「ひいてたして」でできました。

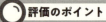

> **評価のポイント**
> 計算の仕方を言いながら机間巡視をし，減加法のやり方をブロックで再現できているかを見て回りましょう。
> （笠井先生）

・ノートへの記録が難しい場合は，ブロックの図を配付してそこに書き足すなどして，ブロック操作の記録を残せるようにします。

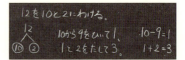

> **評価のポイント**
> まずは，ひく数は9のままで，ひかれる数を変えても12－9と同じやり方でできるか，子どもの理解の様子を見ましょう。ここで理解を深め，ひく数を8などにした減加法や，減減法の学習につなげていきます。
> （笠井先生）

本時のノート

あめが１こあります。
そのうち□つぶたべました。
あめはなんつぶのこっていますか。

| はじめのかず | － | たべたかず | ＝ | のこりのかず |

◎２つぶたべたら
12－2＝10

◎10つぶたべたら
12－10＝2

◎９つぶたべたら
12－9＝3

12－9のけいさんのしかた
12を10と２にわける。
□☒☒☒☒☒☒☒☒☒☒
□□ →ひく
10から９をひいて１， 10－9＝1
１と２をたして３。   1＋2＝3

ブロックの操作を図としてノートに残している。

ひいてたしてのしかた

れんしゅう
13－9＝4
□☒☒☒☒☒☒☒☒☒
□□□ →ひく
13を10と３にわける。
10から９をひいて１， 10－9＝1
１と３をたして４。   1＋3＝4

授業者からのコメント

くり下がりのひき算に初めて出あう場面です。10を超える数を「10といくつ」とみる見方を大切にするために，ブロックの並べ方など細かい場面でも子どもに意識させる機会を設けて，計算の仕方をブロックで説明できるようにしていきます。また，残りの数を求めるには，はじめの数と食べた数が必要であることを言葉で言えるようにしていきたいです。１年生はうまく説明できないことも多いので，教師が算数の言葉に変換してあげることも大切です。

笠井先生からのコメント

12－9のような計算の仕方を考える場面では「12を10と２に分けて，10から９をとって１で，１と２を合わせて３」という計算の仕方を，ブロック操作をもとに図にも表しながら考え，答えを出すことができるようにすることが目的です。本事例では，まず12個のブロックを分かりやすく並べるという活動をさせていて，「12は10と２」という見方を振り返らせている点がよいですね。また，一人の子どもの減加法の考えの発表後，ブロック操作を全員にさせ，減加法の理解を確実にさせていることや，13－9という似た問題に取り組ませることで，そのことについて本当に一人ひとりの子どもたちができたかどうか評価しようとしていることが素晴らしいです。

20より大きいかず

大きな かずが かちゲームを しよう

先生名：大村 英視

 数の大小の比べ方を，十の位に着目して説明することができる。

本時における新学習指導要領上のポイント

2枚のカードを引いて大きな数をつくったチームが勝ちというゲームに取り組み，大きな数をつくる方法について話し合うことを通して，数の大小を比べるには，どの位の数に着目すればよいのかを考え，数の構成についての理解を深めていくことをねらいとして設定しました。「大きい数は十の位におき，小さい数は一の位におく」「十の位の数を相手より大きくすれば勝てる」などカードのおき方を筋道立てて考える力を育成します。

用意するもの

1～9の数カード（黒板に貼れるようにしておく），数カードを入れる袋，ブロック（掲示用）

本時の板書計画

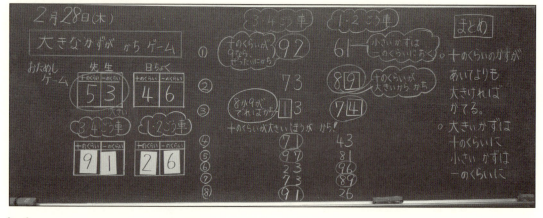

本時の学習前に／学習後に

- 単元の導入では具体物を数える活動を通し，数える対象となるものの数が増えると，2や5のまとまりよりも大きい10のまとまりで考えるとよいことに気づき，10のまとまりをつくることの必要感を感じられるようになっている。
- 本時では，2位数の大小を比べる際には十の位に着目すればよいことを理解させる。
- 本時の学習の後には，10のまとまりが10個集まって100となることを知り，100までの数の数表から規則性を見出す活動を通し十進位取り記数法についての理解を深めた後，120程度までの簡単な場合についての3位数の表し方を学習する。

💬 授業展開

この授業は,「20より大きいかず」で,数の大小比較の学習として行う。

1 導入

T：今日は「大きな かずが かちゲーム」をします。袋の中に1～9のカードを1枚ずつ入れます。先生と日直さんで,おためしゲームをしてみましょう。日直さん,カードを1枚引いて一の位か十の位,どちらか好きな方においてください。

C：4だ。十の位におくよ。

T：次は先生が引きます。3だ。では,3を一の位におきます。次に,日直さん2枚目を引いてください。

C：6が出たよ。一の位は6で,46だね。

T：先生の2枚目は5です。十の位におくと,53です。

C：先生の勝ちだ。

C：反対にしたら日直さんの勝ちだったのに。

T：どういうことですか？

C：4と6を反対にして64にすれば日直さんの勝ちだったよ。

2 問題提示・集団検討

T：では,教室の右側（1・2号車チーム）対左側（3・4号車チーム）でゲームをしましょう。それでは1回戦目を始めましょう。1・2号車チームからどうぞ。

C：1だ。じゃあ,一の位におくよ。

T：どうして一の位におくのですか。

C：1がいちばん小さい数だから,十の位におくと負けちゃうからだよ。

T：なるほど。では,3・4号車チームどうぞ。

C：2だ。2も小さいから一の位におくよ。

・おためしゲームをすることで,ゲームのルールをクラス全体で共有し,子どもたちに理解させます。

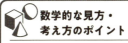 数学的な見方・考え方のポイント

教師が子どもの発言に対して問い返しを行うことで,子どもの発言の根拠が明確になっていきます。　（盛山先生）

・小さい数を引いたら一の位に,大きい数を引いたら十の位においた方がよいことに気づいている子どもの発言を板書に残します。

T：小さい数は一の位においた方がいいんだね。1・2号車チームどうぞ。

C：9が出ますように！

T：どうして9が出てほしいの？

C：次に引く数が十の位に入るから，90いくつだったら，絶対に勝てるからだよ。

C：6だ。61になったよ。

T：では，3・4号車チームの人どうぞ。

C：やったぁ。9が出たよ。92です。

C：1・2号車が61で3・4号車が92なので，3・4号車チームの勝ちだ。

T：それでは2回戦をやりましょう。今度は3・4号車チームが先にどうぞ。

C：3だ。一の位におくよ。

T：1・2号車チームどうぞ。

C：8が出たよ。十の位におくね。

T：3・4号車チームの人，2枚目をどうぞ。

C：7だ。十の位におくから，73だね。

C：もう絶対に1・2号車チームの勝ちだ。

T：まだ1・2号車チームの一の位は決まっていないのに，どうして勝ちだと分かるのですか。

C：3・4号車チームは73でしょう。1・2号車の十の位は8だから，一の位がいくつになっても，十の位が7より大きいから，絶対に1・2号車チームの勝ちだよ。

T：今の説明をブロックを使ってみんなに話してくれる人はいますか？

・カードを引く前に9を出したいというつぶやきが聞こえたら，その理由を問います。つぶやきがない場合でも，「どんな数を出したい？」などと聞き，十の位に9が入ると必ず勝てることに子ども自身で気がつけるようにします。

・すべての数が入る前に勝ち負けを断定する発言があったら取り上げ，その理由を全体に問うようにします。2位数の大小を十の位の数だけで判断できることを確認します。

黒板にブロックを使って表す。

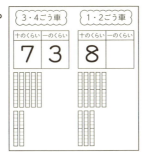

C：73の十の位は，10のまとまりが7つ。1・2号車の十の位は10のまとまりが8つあるから，一の位がどんな数でも73より大きいよ。

T：なるほど。10のまとまりの数に注目するとよいのですね。それでは1・2号車チームの人，次のカードをどうぞ。

C：9が出たから，89だ。

C：1・2号車チームが89で，3・4号車チームが73になったから，1・2号車チームの勝ちだね。

T：次は3回戦です。3・4号車チームどうぞ。

C：3だ。一の位におくよ。

T：1・2号車チームどうぞ。

C：7だ。十の位におくよ。

T：次は3・4号車チームです。どんな数が出ると勝てるかな。1・2号車チームの人も，3・4号車の人の気持ちになって，どんな数を出したいかノートに書きましょう。

C：9が出れば，3・4号車の勝ちだよ。

C：ほかの数でも勝てるよ。

C：8でも勝てる。

T：8でも勝てるの？

C：1・2号車チームは十の位が7って決まっているから，70いくつでしょう。3・4号車チームの十の位が8になると，83で70いくつよりも大きくなるよ。

数学的な見方・考え方のポイント

ブロックを使うことで，具体物を通じて10のまとまりを意識させます。　（盛山先生）

・一方のチームが十の位に数を入れ，もう一方は一の位に数を入れた場合，2枚目を引く前に，十の位にどんな数を入れたいか問いかけ，ノートに書かせます。子どもがノートにどんな数を書いているかで，2桁の数の大小の比べ方が理解できているか評価できます。

評価のポイント

はじめは「9なら勝てる。」と言っていた子どもが，8でも勝てることに気づくことができるような展開にします。そうすることで，子どもの変容をみとることができる授業になります。　（笠井先生）

第3章　1年　20より大きいかず

47

T：まだ一の位の数を引いてないのに，3・4号車チームが8か9を出したら，1・2号車チームは絶対に勝てないの？ブロックを使って説明してくれる人はいますか。

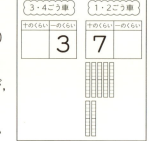

C：1・2号車の十の位は，10のまとまりが7つでしょう。3・4号車の十の位が，10のまとまり8つでも，9つでも，7つより多いから，8が出ても9が出ても，3・4号車の勝ちです。

T：一の位が相手より大きくても，十の位が小さいと負けてしまうのですね。それではやってみましょう。

C：あっ，1だ。負けたぁ。

T：1・2号車チームの人どうぞ。

C：4だ。74で勝ったよ！

3 振り返り

T：どのようにカードをおけば，大きな数がつくれるのかまとめてみましょう。

C：十の位に9をおけば勝てる。

T：9が出なかった場合は，どうしますか。

C：8とか7とか，十の位に大きい数をおくと，できる数も大きくなるよ。

C：大きい数は十の位において，小さい数は一の位におくといいよ。

T：では，今日学習したことを使って，この問題に挑戦してみましょう！

・十の位の数を見れば，数の大小を比べることができるという考えを子どもなりの言葉でまとめさせます。

・もしも袋の中に同じ数が2つあったら，十の位に9をおいても勝てるとは限らないと考えた子どもがいた場合は，積極的に取り上げます。十の位が同じ数の場合は，一の位で大きさを比べるとよいことも共有できるとよいでしょう。

評価のポイント

先ほどの問題で9だけと答えていた子どもが，9以外の数を考えることができるようになっているかを評価します。

(笠井先生)

📖 本時のノート

大きな かずが かちゲーム	まとめ
７３　　８□ ７より８が大きいから １・２ごう車のかち。 □３　　７□ が８か９なら， ３・４ごう車のかち。	十のくらいに大きいかずを おくと，できたかずも 大きくなる。 大きいかずは十のくらいに おいて，小さいかずは一の くらいにおく。

（吹き出し）９以外の数も見つけることができている。

（吹き出し）数の大きさと位の関係に着目している。

📎 授業者からのコメント

　ゲームを通して，数の大小の比べ方について自然に考えていけるよう計画しました。カードを引くごとに位を決めておくルールにすることで，「小さい数は一の位におく」，「十の位になるべく大きな数をおきたい」という気づきがうまれ，２位数の大小を比べる際には十の位に着目すればよいことを子どもが自ら発見していく展開になることをねらいました。また，１～９の数カードを２チームに対して１枚ずつしか用意しないことで，数が決定する前から勝敗が分かる子どもが現れます。なぜ，勝敗が決まるのかの理由を全員に考えさせることで，筋道立てて考える力や考えを表現する力を育てることができます。

📎 笠井先生からのコメント

　「大きな数が勝ちゲーム」をした最初の頃は，選んだ数カードを何も考えずに十の位や一の位において，４枚を選び終えて数が決まって初めて，勝ち負けが分かる子どもが多いと思います。この展開のように，５３と４６を比べて，４６を６４にしておけば勝てたと振り返ることで，よく考えてからカードをおくことが大切だと気づかせることが大切です。また，７３と８□のように，３枚おいた時点で勝負が付いたと分かる子どもと分からない子どもがいます。授業では，気づいた子どもに発表させるだけでなく，気づかなかった子どもが気づけるようにすることが大切です。本事例では，ブロックを使って，具体的に示すことで，勝負が付いたことを分かりやすく表現したところがすばらしいと思います。

いちばん みじかい 道は？

長さ

先生名：小宮山 洋

ねらい 数値によって比較するためには，同じ任意単位を用いることを理解することができる。

本時における新学習指導要領上のポイント

本時では，長さの比べ方に焦点を当て，測定のプロセスにおける任意単位による比較の学習を行います。

特に任意単位による測定で数値化することによって，長さの違いを明確にできることに着目させます。さらに，数値の大小で比較する際には，任意単位が等しくなければならないという学習を行い，普遍単位の導入へとつなげていきます。実際に3本の道が示された場合，児童は「長い道」「短い道」といった長さに着目します。そこから，どのように長さを測定し，その数値で比較してよいかどうか，また数値で比較するためにはどのようにしなければならないか，根拠を基に考えていく実践です。

用意するもの

3つの道が書かれたシート，赤・緑・青の棒（それぞれ赤の道，緑の道，青の道の1本分の長さ）（児童用）

本時の板書計画

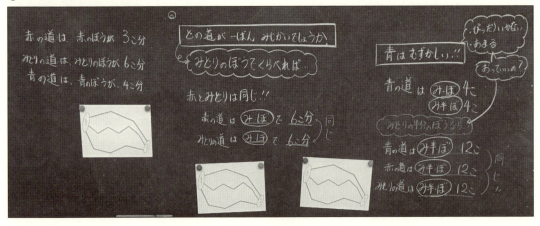

本時の学習前に／学習後に

- 1年の長さの学習では，直接比較・間接比較，そして任意単位による比較の学習を行う。任意単位の比較については，自分なりの基準量を用いて測定し，比較することで，長さを数値化するよさを学習する。
- 本時の2年の長さの導入では，数値による比較は，基準量が違う任意単位ではできないことを確認し，等しい基準量を用いて測定しなければならないことを学習する。
- 次時以降の普遍単位の導入へとつなげていく。

💬 授業展開

この授業は,「長さ」の単元の導入として行う。

1 問題提示

児童用シートを黒板に掲示する。

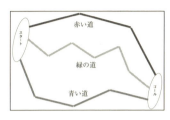

◇赤の道1本分,緑の道1本分,青の道1本分の長さの比は,4：2：3となるように設定する。

C：スタートとゴールがあるよ。

T：スタートとゴールが見えますか？

C：スタートからゴールまで3つの道があります。

T：赤い道は,この赤い棒がこうこうこう…。

　赤の棒1本分をあてながら示していく。

C：赤い道は,赤の棒が3個分だ。

　緑の棒1本分をあてながら示していく。

C：緑の道は,緑の棒が6個分だね。

　青の棒1本分をあてながら示していく。

C：青い道は,青の棒が4個分だよ。

C：赤の道がいちばん短いね。

C：そうかな。分からないんじゃないかな。

T：では今日は,このような問題にしましょう。

どの道が,一ばんみじかいでしょうか。

T：赤の道が短いと言っていましたが,どうしてでしょうか。

C：だって3個だから。青は4個で,緑は6個でしょ。

C：いちばん少ないのは,3個分だけど,赤の方が棒1本分の長さが長いでしょ。3個だからって短いとか長いとかは分からないよ。

 数学的な見方・考え方のポイント

今日の課題を,子どもの発言から設定することで,主体的に課題に取り組ませることができます。　（盛山先生）

・提示された場面が教師主導なので,問題は子どもの反応した言葉を使うとよいです。「いちばん長い道」でもよいでしょう。

C：赤は1本の棒の長さが長いから，数が少ないからといって短いとは言えないんじゃないかな。

C：緑の棒を使ってもいい？

T：緑の棒を使えば分かりますか？

C：分かると思います。

T：何をしようとしているのか分かりますか？

C：赤い道を緑の棒で比べようとしているんだと思います。

C：緑色の棒で，赤の道と青の道が何個分かを調べようとしているんだ。

・基準量に着目して，単純に数値で比較できないことを説明しています。

数学的な見方・考え方のポイント
何をやろうとしているのかを問い返すことで，数学的な見方・考え方をクラス全体で共有できます。　（盛山先生）

2　自力解決

児童用シート・それぞれの棒を配付する。

・自分なりの基準量を用いて，測定しようとしています。

3　集団検討（課題の共有）

T：どれがいちばん短い道でしたか？

C：青の道を調べていたら，困ったことが出てきました。

T：青の道で困っている人が多くいますが，赤の道と緑の道は大丈夫ですか？

C：はい。調べられました。

T：赤の道と緑の道はどうでしたか？

C：赤の道と緑の道は同じ長さだった！

T：どうしてですか？

C：赤の道を緑の棒で調べると，6個分。緑の道も緑の棒が6個分だから，同じ長さと言っていいと思います。

C：どちらも緑の棒で比べたから，同じって言っていいはずだよ。

T：青の道は，どうして困っているのでしょうか？

C：青は，（緑の棒）ここで線を引いて，ここまでいくから，余ってしまう…。

C：青はぴったりいかないんだよね。

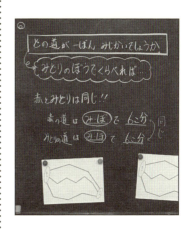

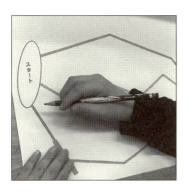

T：緑の棒で調べようとすると，青の道はうまくいかないのですね。

C：折っていいの？

T：どういうことでしょうか。

C：青の棒1本分は，緑の棒だと1本と半分になる。だから，緑の棒の半分が3個分になるよ。

C：じゃあ，緑の棒の半分で調べたら，比べられるんじゃないかな。

数学的な見方・考え方のポイント

配付された棒だけでなく，ブロックや身近な文房具で調べようとする子どもがいたら，その方法も取り上げましょう。いくつかの方法を扱うことで，任意単位のよさを実感できます。

（盛山先生）

4　集団検討（課題解決）

C：青の道も何個分か分かった！

T：青の道は，緑の棒の半分が何個分でしたか？

C：緑の棒の半分が，12個分になる！

T：青の道は緑の棒の半分が12個分だから，赤や緑より長いといえますね。

C：そうじゃないよ。赤も緑も，緑の棒の半分で調べないとだめだよ。

T：どうしてですか？

C：同じもので調べないと，比べられないからです。

T：では，調べてみましょう。調べた結果をノートに書いてみましょう。

5 振り返り

C：赤の道も，緑の棒の半分が12個分だった。

C：どれも同じ長さだった！

T：どれも同じ長さと言っていいでしょうか。

C：どれも緑の棒の半分が12個分なので，同じと言ってよいです。

T：では最後に学習感想を書きましょう。

数学的な見方・考え方のポイント

教師が誤答へと揺さぶることで，子どもたちがさらに見方・考え方を深めるきっかけになります。
（盛山先生）

・同じ基準量を用いて測定をしないと，数値で比較できないことを説明しています。

・共有した考えをもとに，前の問題に戻り，考えを適用しようとしています。

評価のポイント

友達の発想を聞いて，それぞれの道の長さを，緑の棒の半分が何個分かという表現で表せられているか，ノートを見て評価します。時間があれば，新たな道を提示して，任意単位の何個分かを調べられるかどうか評価します。
（笠井先生）

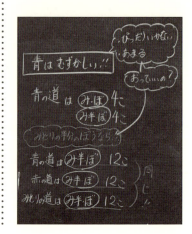

本時のノート

> どの道が一ばんみじかいでしょうか。

みどりのぼうでくらべると，
赤の道は，みどりのぼう6こ分。
みどりの道は，みどりのぼう6こ分。
赤の道とみどりの道は同じ。

> 青の道はまだ分からない。
> みどりのぼうではかっても，
> まだ分からない。

**分からないことや
困っていることを
書いている。**

(友だちのいけん)
・みどりのぼうを半分におって
　はかる！！

> 半分におってはかると，青の道は
> 12こ分。
> 赤もみどりの道もみどりの半分で
> はからなくちゃいけない。
>
> 赤も12こ分。
> みどりも12こ分。
> 青も12こ分。
> ぜんぶ同じ。

**他の児童の考えを参考に，
再度課題に取り組み
解決している。**

> 同じ長さではからなくちゃ
> いけない。
> ぜんぶをくらべるために，同じもの
> をつくる。

授業者からのコメント

　2年の長さの学習では，普遍単位を学習します。普遍単位による測定は，いつでもどこでも数値で比較できるよさがあります。そこで，普遍単位の学習に結びつけるために，子どもたちが同じ基準でなければ数値で比較できないことを考え，自分たちで基準量を作成しました。しかし本時で比較できた基準量も違った場面では適用できません。それにより，いつでも使える基準量として普遍単位の必要性を感じていきました。

　さらに，本時では緑の半分という基準の長さを作成していきます。これが下位単位の発想へとつながっていければよいと考えました。また，基準量をもとに，いくつ分と測定する体験は低学年では大切な活動だと考えています。

笠井先生からのコメント

　「いちばん短い道はどれか？」と一見分からない場面に子どもたちはひきつけられます。そこで，「はっきりさせたい」という思いで活動がスタートします。実際に具体物を用いて調べてみると，赤と緑と青の3つの道の中で，赤と緑は比べることができたけれど青ができなかった。そこで，赤と緑はどのようにしたら比べることができたかを話し合い，どういうことをしたらよかったのか振り返りをさせます。つまり，同じもので いくつ分かを調べることが大切であることをまとめるのです。そして，青についてもこの考えを活かして問題解決していきます。このように，大切な考えは振り返ってまとめ，次の問題解決のときも実は同じようにできたことを振り返ることでこのような考えのよさが理解できるようになるのです。

第3章

2年 ▼ 長さ

55

2年 かけ算
あめの 形で 6のだんの 九九を 考えよう

先生名：小宮山洋

> **ねらい** 6の段の九九で表すことのできる場面を立式し，答えの求め方を考えることができる。

本時における新学習指導要領上のポイント

本時では，数量の関係に着目して，式に表したり，それらの式がどのような意味を表したりしているかを考えます。その際に式と具体場面を照らし合わせながら考察します。既習事項を踏まえ，6の段もほかの段と同様に増えていくことや，1つのかたまりの6を2と4に分けて考えることが数の見方を広げていきます。

用意するもの

パターンブロック（掲示用）

本時の板書計画

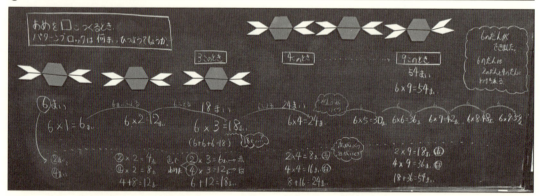

本時の学習前に／学習後に

- 前時までの学習を通して，かけ算で表される場面を理解し式に表すこと，「かける数が1増えれば，かけられる数の分だけ答えは増える」ということを学習している。
- 本時で学習したことは，今後学習する分配法則の素地的学習ともいえる。

💬 授業展開

この授業は、「かけ算」の6の段の学習として行う。

1 問題提示

T：パターンブロックを使ってあめをつくります。

　パターンブロック6枚であめの形をつくって掲示する。

C：いちご味かな。

C：6枚でつくるんだね。

> あめを □こ つくるとき，パターンブロックは
> 何まい ひつようでしょうか。

C：あめをいくつつくるの？

T：1個のときは何枚必要ですか？

C：6枚です。

T：では，3個のときは何枚必要か考えてみましょう。

　あめ3個をつくって掲示する。

2 自力解決1（あめ3個）

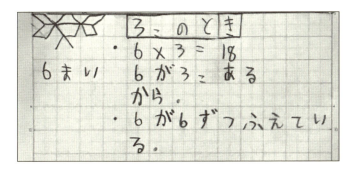

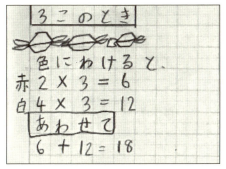

・赤 2枚，白  4枚を使います。

🔲 数学的な見方・考え方のポイント

あめの形や色によって，6を2と4に分解する考え方が生まれやすくなっています。工夫されたよい仕掛けです。

（盛山先生）

・数量に着目して立式しているか，立式や答えの求め方を問題場面と照らし合わせて説明しているかを評価します。

🔲 数学的な見方・考え方のポイント

何人がどちらの考え方をもっているかによって，その後の展開が変わります。それぞれの考え方を生かして全体で共有できるようにしましょう。

（盛山先生）

3 発表・考えの共有

T：何枚必要でしたか？

C：18枚でした。

T：どのように考えましたか？

C：6×3です。

C：あめ1個で6枚必要だから，それが3個分で6×3。

T：なるほど。かけ算の式を使ったんだね。6×3は，初めて出てきたかけ算の式です。本当に18で合っている？

C：6+6+6で18になるから正しい。

C：1個のときは6×1で6枚でしょ。
　2個のときは6×2で，6増えるから12枚。
　3個のときは6×3で，また6増えるから18枚。
　6の段のかけ算は6ずつ増えると思う。

C：2の段の答えは2ずつ増えたし，3の段は3ずつ増えたから，6の段は6ずつ増えるんじゃないかな。

T：今までのかけ算を基に考えたのですね。

C：私は違う式で考えました。
　2×3＝6　4×3＝12　6＋12＝18だから18枚。

C：どういうこと？

C：2の段と4の段を使って考えているね。

C：2の段と4の段は知っているけど……。

T：どのように考えたか分かる？

C：色で考えたと思う。

C：あめ1個は6枚だけど，赤が2枚，白が4枚でしょ。だから，それで考えたんだと思う。

C：赤は2枚が3個だから2×3＝6で6枚。白は4枚が3個だから4×3＝12で12枚。それをたして18枚。

> **評価のポイント**
> 全員が18という答えに納得しているかどうかを確認するとともに，根拠を問う素晴らしい発問です。
> （笠井先生）

> **数学的な見方・考え方のポイント**
> 既習の考えを活用して「2の段，3の段もそうだったから，6の段もそうだろう」と類推できています。計算のきまりを使った考え方が働いていますね。
> （盛山先生）

・自分とは違う式表現を図と照らし合わせながら考えさせたい場面です。

> **数学的な見方・考え方のポイント**
> 友だちがどんな見方・考え方をしたのかを想像することで，その子自身の見方・考え方も豊かになっていきます。
> （盛山先生）

T：色で分けて考えたんだね。2個のときも色で分けて考えることはできますか？

C：赤は2×2で4枚。白は4×2で8枚。それをあわせて12枚。

T：6×2で考えた式と同じ枚数になりますね。

T：ではあめ4個をつくるには，何枚必要でしょうか。

あめ4個をつくって掲示する。

C：6枚が何個分あるかで考えました。6×4で24枚。

C：色で分けて考えました。赤が2×4で8枚，白が4×4で16枚。あわせて8＋16＝24だから24枚。

T：6枚が何個分あるかという考え方と，色で分ける考え方があるようですね。

T：では少し数を増やしてみましょう。あめ9個のときは何枚必要でしょうか。

4　自力解決2（あめ9個）

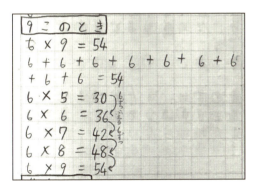

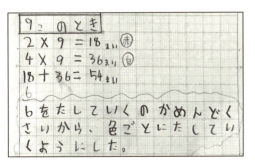

> **評価のポイント**
> 友だちの説明したことをきちんと理解できているか，もう一度問うことで確認しています。
> （笠井先生）

・あめ4個でも2つの考え方を全体で共有します。

・ここではあえて黒板上に掲示しないようにします。

・共有した2つの計算の仕方から，自分で選び計算しようとしているかを確認します。

> **評価のポイント**
> 時間が余った子どもには2通りの方法をノートに書かせてみましょう。その子どもの理解の深さを確認できます。
> （笠井先生）

5 発表

C：ぼくは6枚が何個分あるかで考えて，6×9＝54で54枚と考えました。

T：6×9の答えは54で正しいでしょうか？

C：さっきも言っているように，6の段の答えは6ずつ増えていくから，6×5＝30，6×6＝36，6×7＝42，6×8＝48，6×9＝54で，答えは54枚です。

C：私はずっと6をたしていくのは大変なので，色で分けて考えました。赤は2×9＝18で18枚，白は4×9＝36で36枚。たして18＋36＝54で54枚です。

> **数学的な見方・考え方のポイント**
> あめの色から離れ，6を2と4ではなく3と3に分解し始めるなど，別の新しいアイデアが出てくるとさらに素晴らしいですね。　　（盛山先生）

6 振り返り

T：どちらの考えでも何枚必要か分かるね。今日新しく学習したことは何だろう。

C：6の段のかけ算が出てきたよ。

C：6の段だけど，色で分けて2の段と4の段に分けて考えることもできるよ。

T：学習感想を書きましょう。

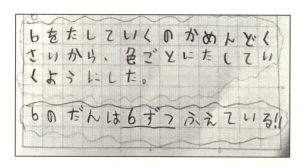

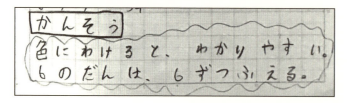

> **評価のポイント**
> それぞれの考えの良い点を自分なりに感じて表現しているのがよいですね。最後のまとめでしっかりと「6の段の答えのきまり」について理解していることも重要です。
> 　　（笠井先生）

本時のノート

| あめを□こつくるとき,パターンブロックは何まいひつようでしょうか。
 あめ1こで6まい | 4このとき
6×4＝24　24まい
6＋6＋6＋6＝24

2×4＝8　8まい→赤
4×4＝16　16まい→白
8＋16＝24　24まい |

3このとき
・6×3＝18　こたえ　18まい
6が3こあるから。
6ずつふえている。
6＋6＋6＝18

> 自分の考えと友だちの考えを分けて書いている。

(友だちの考え)
色で分けた！
　②×3＝6　6まい→赤
　④×3＝12　12まい→白
　6＋12＝18　18まい

9このとき
2×9＝18　18まい→赤
4×9＝36　36まい→白
18＋36＝54　54まい

> 自分で立場を決めて計算の仕方を選んでいる。

かんそう
・6をたしていくのがたいへんなので,色ごとにけいさんしてたしていくようにした。
・6のだんのこたえは6ずつふえている！

授業者からのコメント

「かけ算」の前半では乗法の場面を理解し式に表すこと,かける数が1増えれば答えはかけられる数の分だけ増えていくことを学習します。そこで本時では,既習の考えを活用しながら,新たな視点で答えを求めることができるように問題の提示を工夫しています。1つのかたまりの見方を広げ,場面(図)と照らし合わせながら考えることを大切にしています。このような数の見方を広げて考える方法は,分配法則の素地的指導にもなり,今後学習する2けたの乗法の場面にも活用できます。

笠井先生からのコメント

6の段の九九を構成する場面では,2〜5の段の九九を構成したときのように,「きっと6ずつ増えるだろうから,それでつくればいいよ」などと見通しをもたせて,一気に「×9」までつくらせる実践を見かけます。この実践の素晴らしさは,今後,かけ算を構成するときは分配法則の考えを使うことが多くあるので,そのことに触れさせようとしていることです。そのため,2の段と4の段を用いて答えを求める考えが自然に出る場面にしたことが第一の工夫です。そして,「6×3」の場面を自力解決場面として,新しい考え方を発表させ,その考えをクラス全員に共有しようとしていることが第二の工夫です。ここでは,「×9までをつくる」ことが評価問題になっています。

3年 分数
$\frac{1}{2}$L と $\frac{1}{2}$ のちがいって？

先生名：小田 有

ねらい 基準量が異なる場合の分数の用い方について考え，表現することができる。

本時における新学習指導要領上のポイント

2Lあるジュースから$\frac{1}{2}$L飲むという場面をつくることで，基準量のとらえ方に違いが生まれます。「もとの大きさ1Lの$\frac{1}{2}$（$\frac{1}{2}$L）」（量分数）という見方と，「もとの大きさの$\frac{1}{2}$」（分割分数）という見方とでは，出てくる答えが異なることを感じ，2つの見方を働かせながら，問題解決していきます。

用意するもの

お話のスライド，2Lのペットボトルのワークシート（児童用，掲示用），
2mのテープのワークシート（児童用）

本時の板書計画

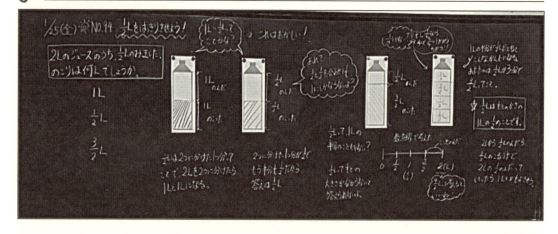

本時の学習前に

- 前時までに，はしたの数の表し方として分数があり，その意味についての理解を深めてきた。
- $\frac{1}{5}$mが5こ分で$\frac{5}{5}$mであり，それが1mと同じであることや，$\frac{1}{5}$mが10こ分で$\frac{10}{5}$m＝2mということは理解している。

授業展開

この授業は，「分数」の中で，分割分数と量分数の違いを学習する授業として行う。

1 問題提示

T：太郎くんと花子さんがお話をしています。

> 太郎：家にあった2Lのジュースのうち，$\frac{1}{2}$Lのんだよ。
> 花子：ええ！ $\frac{1}{2}$Lものんだの？ のみすぎじゃない？
> 太郎：のみすぎかな？ $\frac{1}{2}$Lしかのんでないよ。

C：花子さんはどうして驚いたのかな？

C：たくさん飲んだからじゃない？

C：そうかな。そんなに多くないよ。

T：感じ方がちがうね。今日はこのお話を問題にします。

> 2Lのジュースのうち$\frac{1}{2}$Lのみました。のこりは何Lですか。

・様子が分かりやすいように，お話のスライドを前に映すとよいです。

2 自力解決

ワークシートを配る。

T：ペットボトルに色を塗りながら考えましょう。どうしてそう思ったのか，理由も書きましょう。

・後でノートに貼れるようなペットボトルの図がかかれたワークシートを用意しておきます。

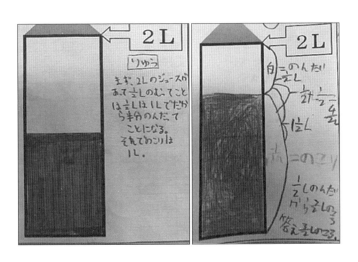

・左が1Lと答えた子ども（$\frac{1}{2}$Lを分割分数としてとらえている），右が$\frac{3}{2}$L（正答）と答えた子どものワークシートです。

3 発表

T：残りは何Lになったか，答えを発表してください。

C1：1 L …㋐　　C2：$\frac{1}{2}$L …㋑　　C3：$\frac{3}{2}$L …㋒

4 集団検討1（㋐㋑の検討）

㋐ 1L の主張

C：$\frac{1}{2}$Lは，もとの大きさを2つに分けた1つ分のことだから，2Lから$\frac{1}{2}$L飲んだら，残りは1Lだよ。

C：2Lを2等分するから，2÷2＝1で，1L。

C：1Lと1Lで2Lになる。だから，ちょうど半分のところで分けた。

T：ちょうど半分のところで色分けしたんだね。

㋑ $\frac{1}{2}$L の主張

C：㋐と塗り方は一緒だけど，答えがちがうよ。$\frac{1}{2}$っていうのは，半分に分けた1つのことだから，半分に分けた両方とも$\frac{1}{2}$のはずでしょ。だから，$\frac{1}{2}$L飲んだら残りも$\frac{1}{2}$Lじゃないかな。

C：㋐と㋑のペットボトルを比べると，1Lと$\frac{1}{2}$Lが同じ量ってことになっちゃってる！

T：どことどこを比べましたか？

C：ペットボトルの1Lの高さと$\frac{1}{2}$Lの高さが同じになっていて，変だよ！

T：1L＝$\frac{1}{2}$Lということかな？

C：㋐と㋑の図ではそう見えるけど，そんなはずないよ。

C：㋐と㋑どっちかが間違いなんじゃない？

数学的な見方・考え方のポイント

3種類の答えが出ています。自分の答えではないものの理由を考えさせてもよいでしょう。自分の考え以外のことを想像させる活動は，数学的な見方・考え方を働かせる効果的な方法です。　（盛山先生）

・もとの大きさを2Lとして，その$\frac{1}{2}$は1Lという分数の見方が働いています。

・もとの大きさを1として，その$\frac{1}{2}$という見方が働いています。

・黒板でも同じ高さに掲示し，1Lも$\frac{1}{2}$Lも色の塗られているところが同じであることの矛盾を感じさせます。

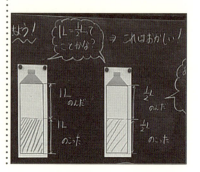

C：㋑は，2つに分けた1つ分が$\frac{1}{2}$なら，もう片方も$\frac{1}{2}$ということだよね。正しそうな気がするけど……。

C：でも，もし残りが$\frac{1}{2}$Lだったら，$\frac{1}{2}$Lと$\frac{1}{2}$Lを合わせても1Lにしかならないよ。

C：ほんとだ！

C：$\frac{1}{2}$Lが2つ分で$\frac{2}{2}$L，$\frac{2}{2}$L＝1Lだから，㋑は間違いだ。

T：$\frac{2}{2}$L＝1Lということは以前に学習しましたね。では㋐はどうですか？

C：1Lと1Lを合わせたら2Lになるから，㋐は正しそう。

C：でも，太郎くんが飲んだのは$\frac{1}{2}$Lだよね。

C：$\frac{1}{2}$Lってどのくらいなのかな？

C：$\frac{1}{2}$Lっていうのは，1Lの半分じゃない？ 1Lを2つに分けた1つ分だと思う。

5　集団検討2（㋒の検討）

C：2Lから$\frac{1}{2}$L飲んだら，残りは$\frac{3}{2}$Lになると思います。㋒が正しいです。

T：図を使って理由を説明できますか？

C：ペットボトルの半分が1Lで，そのさらに半分が$\frac{1}{2}$Lだと思う。

C：$\frac{1}{2}$Lが4こあるってことか！

C：この図から，残りは$\frac{3}{2}$Lが正しい。

T：答えは$\frac{3}{2}$Lですね。

C：でも，それだと$\frac{1}{4}$Lになってない？

C：たしかに全部で4つに分かれているようにも見える。

T：全体を4つに分けた1つ分に見えるね。どうですか？

評価のポイント
答えをもとの問題にあてはめて，その答えが本当に正しいのかを確認しているのがよいですね。
（笠井先生）

・$\frac{2}{2}$L＝1Lという既習事項を確認します。

数学的な見方・考え方のポイント
$\frac{1}{2}$Lのもとになる大きさが1Lであることに気づいていますね。この見方をクラス全体で共有し，価値づけるとよいですね。
（盛山先生）

評価のポイント
手を挙げた子に説明させず，各自が図や説明をノートに書く時間をとってもよいですね。
（笠井先生）

・数直線を使って説明する子がいれば，それを取り上げてもよいです。

C：4つに分かれてるけど，$\frac{1}{4}$Lじゃないよ。$\frac{1}{4}$Lだったら，全部合わせても1Lにしかならないもん。

T：今の説明，分かるっていう人いる？

C：分かる。もし$\frac{1}{4}$Lなら全部合わせて$\frac{4}{4}$Lになるけど，それだと全体が1Lにしかならないからおかしい。

T：2Lを4つに分けた1つ分は$\frac{1}{4}$Lではなくて$\frac{1}{2}$Lだね。

6 振り返り

T：どうしていろいろな答えが出たんでしょうか。

C：㋐1Lと答えた人は，もとの大きさの$\frac{1}{2}$だと思ったんじゃないかな。

C：$\frac{1}{2}$Lを全体の半分と考えてしまったんだね。

T：では，$\frac{1}{2}$Lとはどんな量か，説明できますか？

C：$\frac{1}{2}$Lは1Lを2等分したうちの1つです。

C：みんなの答えが違ったのは，もとにする大きさが違ったからだったんだね。

T：最初のお話に戻ります。太郎くんと花子さんの感じ方が違ったのはどうしてかな？

C：太郎くんは「2Lから$\frac{1}{2}$L飲んだ」と言ったけど，花子さんは「2Lの$\frac{1}{2}$飲んだ」と勘違いしたんだと思います。

7 適用問題

T：では，学習したことを使って問題を解きましょう。

ワークシートを配る。

> 2mのテープのうち$\frac{3}{4}$mつかいました。つかったところに正しく色をぬっているのはどちらですか。

あ

い

・全体の$\frac{1}{4}$に見えても，1つ分が$\frac{1}{4}$Lだった場合全部で$\frac{4}{4}$L＝1Lとなってしまうことを引き出します。

・量としての$\frac{1}{2}$Lは，全体の大きさの$\frac{1}{2}$とは違うことを理解できるように促します。

・見方によってさまざまな答えが出たことを理解し，分割分数と量分数の違いを認識できるようにまとめます。

> **評価のポイント**
>
> $\frac{1}{2}$Lが全体の半分ではなく1Lの半分の大きさであると理解できた子どもは，$\frac{3}{4}$mについても正しく選択できるでしょう。今日理解してほしいことを的確に見とれる問題になっています。　　（笠井先生）

📖 本時のノート

2Lのジュースのうち $\frac{1}{2}$ L のみました。のこりは何Lですか。

自分の考え

1Lのこる。
まず2Lあって $\frac{1}{2}$ L のむっていうことは2Lの半分のむってことだから、$2 \div 2 = 1$ だから1L。

友だちの考え

$\frac{1}{2}$ L のこる。
2つに分けた1つ分が $\frac{1}{2}$ L だから、もう半分も $\frac{1}{2}$ L ってこと。

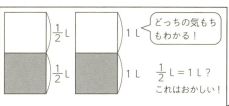

どっちの気もちもわかる！
$\frac{1}{2}$ L = 1 L ？
これはおかしい！

友だちの考え②

$\frac{3}{2}$ L のこる。
1Lの半分が $\frac{1}{2}$ L で、それが3つ分ってこと。
↓
$\frac{1}{2}$ L のんだってことは、のこりは $\frac{3}{2}$ L ！

★ $\frac{1}{2}$ L は 1 L の $\frac{1}{2}$ のことです。

かんそう
さいしょは $\frac{1}{2}$ L は半分だと思ったけど、友だちの図を見て $\frac{1}{2}$ L は 1 L の半分だっていうことになっとくできた。

（左余白メモ）Lについて習をもとに分なりの処をもってえを書いてる。

（右余白メモ）自分の考えの変容に気づき、メモをしている。

📎 授業者からのコメント

「もとの大きさの $\frac{1}{2}$」（分割分数）と，「$\frac{1}{2}$ L」（量分数）の違いに気づかせる場面を作りました。$\frac{1}{2}$ と聞くともとの大きさの「半分」とイメージする子どもが多かったですが，話し合いを通じて $\frac{1}{2}$ L という量はいつでも 1 L をもとにし，その 2 等分であることを理解していました。もとの大きさに意識を向けさせることは割合の素地指導につながる部分でもあります。4年生以降で立式させる場面（$2 - \frac{1}{2} = \frac{3}{2}$ または $1\frac{1}{2}$）として扱ってみるのもよいかもしれません。

📎 笠井先生からのコメント

　分割分数と量の大きさを表す分数の混同で多くの子どもがつまずいています。そこを理解させる場面として，2 L から $\frac{1}{2}$ L を飲む場面はとても工夫されています。自力解決の前に，2 L の図を全員に配ったことは私はとても大切なことと思っています。というのは，図を配らなくてもそれぞれの子どもが自分の思い通りに図をかいて答えを求めることはできますが，もともとの図が違うので，なかなか友だちの考えを理解することができません。最初に 2 L の大きさを揃えておけば，答えが「$\frac{1}{2}$ L」「1 L」「$\frac{3}{2}$ L」と違ったときに，図の大きさも異なるのでその違いがよく分かるからです。またこの図に「2 L」とはっきり書いていることも子どもの理解を助けています。

倍の計算
背の高さは何cmかな？

先生名：久下谷 明

　もとにする量を求める場合には，その場面を図などで表し，それを□を用いたかけ算の式に表すなどして求めればよいことを理解することができる。

本時における新学習指導要領上のポイント

　問題場面から，もとにする量や比べられる量の関係をテープ図などに表し，それと関係づけながら□を用いた式などに表し，問題解決していきます。その際，図と式の関係づけを丁寧に行うとともに，□を用いた式で場面を表し，かけ算とわり算の関連づけを行います。

用意するもの

80cmの桃色のテープ，20cmの赤色のテープ，ねこのイラスト（すべて掲示用）

本時の板書計画

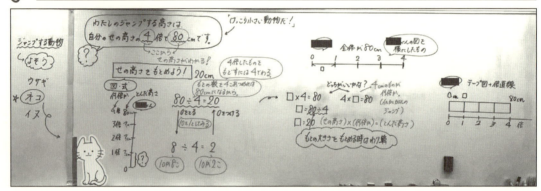

本時の学習前に

- 2年「かけ算」で，倍の意味を「3cmの2つ分は，3cmの2倍」と学んでいる。
- 3年では，本時までに以下の内容を学んでいる。
  - ある量がもとにする量の何倍かを求めるときに，わり算を用いることを理解する。
    イルカのジャンプ（6m）は，背の高さ（2m）の何倍かな？（6÷2＝3）
    カエルのジャンプ（21cm）は，背の高さ（7cm）の何倍かな？（21÷7＝3）
  - ある量の何倍かにあたる数を求めるときに，かけ算を用いることを理解する。
    自分も背の高さ(130cm)の3倍の高さまでジャンプできたら，
    何cmジャンプできるのかな？（130×3＝390）

💬 授業展開

この授業は，倍の計算でもとにする量を求める場合についての学習として行う。

1 問題提示

T：これまで倍の学習で，「イルカのジャンプする高さは，イルカの背の高さの何倍かな？」という問題で，わり算を使って3倍と求めました。その後，学習感想をもとに，イルカのように自分がジャンプできたらと考え，自分の背の高さの3倍を，かけ算を使って求めました。

今日もジャンプについて考えたいと思いますが，ここでクイズです。わたしは誰でしょうか。

> わたしのジャンプする高さは，自分のせの高さの____倍で，____cmです。

C：えっ？　このままじゃ分からないよ。

T：たしかに，このままだと分からないので，ヒントとして，まずはジャンプした高さをテープで示しますね。

80cmのテープを黒板に縦向きに提示する。

C：1mくらいかな。

C：1mよりちょっと低い気がする。

T：実は80cmです。この高さまでジャンプする動物って何だと思いますか？　予想してみてください。

C：うさぎ。　　**C**：ねこ。

T：なるほど。では，何倍かも書きますね。

"せの高さの ___4__ 倍で，_80_ cmです。"と板書する。

C：けっこう小さい動物だ。

C：これで背の高さが分かるよ。

T：では，この動物の背の高さを求めましょう。図や式を使って考えてください。

> せの高さをもとめよう。

・既習事項である，倍の求め方，何倍にあたる大きさの求め方を振り返っています。

・ここでは，「ジャンプした高さ」を，「地面からジャンプして到達した点まで」と約束して学習してきています。また，「背の高さ」も，いわゆる体長や体高とは異なるとり方をしていることがあります。

・子どもの実態によっては，「ジャンプする高さは____cmです。これはせの高さの____倍です。」と，2文に分けて提示すると，問題を理解しやすくなります。

第3章

3年 ▼ 倍の計算

・ジャンプする高さを紙テープで示すことで，ジャンプした高さと背の高さの関係をイメージしやすくするとともに，その関係を図に表現しやすいようにします。

69

2 自力解決

C：80÷4＝20

C：□×4＝80
　　　□＝80÷4
　　　　＝20

> **数学的な見方・考え方のポイント**
> 倍といえばかけ算というイメージで、80×4＝320など、誤った式を立てる児童も出てきます。問題を振り返り、文章や図から、答えが80より大きいか小さいか見通しをもつとよいでしょう。
> （盛山先生）

3 集団検討1

T：答えから聞きます。この動物の背の高さは何cmですか。

C：20cm。

T：どのような式で求めましたか。

C1：80÷4＝20

T：どうしてこのような式になるのですか。

C2：もとの数を4こ集めれば、80cmになるから、80÷4をすれば、もとの数が分かる。

C3：4倍したものをもとに戻すには、4でわればいいから、80÷4になる。

C：分かった。

C：うーん。

T：悩んでいる人がいますね。誰かもう一度説明してくれますか。図を使って説明している人もいますね。

C4：（右図をかいて）
ジャンプした高さが80cmで、これは背の高さの4倍。だったら、80cmを4等分すればいい。？の部分の長さを求めるから、80÷4。

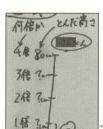

T：説明は分かりましたか。C4さんの言ってくれたことを説明し合ってください。

近くの人と説明し合う。

> **数学的な見方・考え方のポイント**
> 「もとの数」を使った説明が出ていますが、「倍の計算で、もとの数を求めるにはわり算を使う」という考えは、本時のまとめの内容で、実際には未習です。ここでは、等分すればよいからわり算（等分除）になる、と理解することが大切です。
> （盛山先生）

・80÷4のような計算は、3年では「わり算」とは別の単元で学習していることがあります。何十÷何の計算の仕方の理解が十分か、確認しながら学習を進めてください。

・式と図を関係づけながら説明する力が大切です。ただ説明を聞くだけでは、"分かったつもり"のままのこともあります。説明されたことを、もう一度近くの子と説明し合うことで、理解を深めるとともに、理由を説明できる力を育てていきます。

> **評価のポイント**
> C4さんの図をノートに写すなどして、図を使って等分除の説明を再現できていれば、この段階での立式が理解できていると評価できます。
> （笠井先生）

4 集団検討 2

C5：先生，ほかにも式がある。□×4＝80。

C：えっ，それなら，4×□＝80じゃないかな。

T：式が2つ出てきましたね。どちらもよいですか。

C：いや，だめだと思う。

T：2つ出たということは，どちらかが違うかもしれません。でも，こうやって2つ出てくると，どちらがよいのかみんなで考えることができてよいですね。では，どちらの式がよいのか，近くの人と話し合ってください。

近くの人と話す。

T：どうですか。

C6：□×4＝80は，□の4倍が80cmということだけど，4×□＝80は，4cmを何倍かすると80cmということだから，おかしい。

T：C6さんの説明は分かりましたか。4×□＝80は，何倍が□になっているのですね。イルカとカエルのジャンプで何倍を求めたときも，こんな式が出てきましたね。

C：図でも説明できる。

T：図でも説明できますか。ではC7さんお願いします。

C7：（下図を使って説明する）

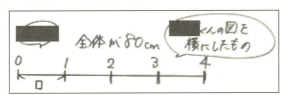

ここの□が1倍で，□を4倍すると80cmだから，□×4＝80になる。

T：図を見てどう？　C7さんの説明は分かりましたか。

C8：C4さんの図を横にしたのが，C7さんの図になっている。

C：たしかに。

> **評価のポイント**
> これまでの倍の計算の学習と関連づけて，式の意味を考えています。評価し価値づけたい点です。　（笠井先生）

T：たしかにそうですね。一見異なるように見える図も，C8さんのように関係づけて見られるとよいですね。それと，C9さんは，テープ図と倍直線を合わせた図をかいていたので，紹介しますね。かいてみてください。

C9：（下図をかく）

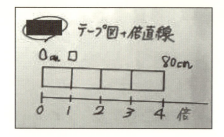

T：このようにもかけますね。そうすると，□×4＝80でよさそうですね。□はどうやって求めますか。

C：□は，かけ算とわり算の関係を使うと，80÷4＝20

5 振り返り

T：背の高さ，つまりもとの大きさを求めるときには，もとの大きさを□で表して，式を立てることができましたね。そして，この式も，□を求める式は，最初に言ってくれた式と同じように，最後は80÷4，わり算の式になっています。つまり，もとの大きさを求めるときには，最終的にはわり算の式になるのですね。
ちなみに，背の高さが20cmの動物は，皆さんの予想通り，うさぎ，ねこなどがあてはまりますが，80cmぐらいまでジャンプする動物として先生が考えていたのは，ねこでした。子ねこくらいの大きさですね。

桃色のテープの横に，ねこのイラストと赤色のテープを貼る。

T：それでは，学習感想を書きましょう。

・「倍直線」は倍を表した数直線という意味で，クラス内の約束として使っている言葉です。

・何倍かを求める学習でも，□を用いて場面を表す式を取り上げておくと，本時でも，□を用いた式を立てる子どもが出てきます。□を使った式で関係を表現することは，様々な場面で行うようにします。なお，未知の数量を□として式を立て，□にあてはまる数を求めることは，3年の「□を使った式」でくわしく学習します。

・子どもたちが出した図について，それぞれを説明し，共有していくだけでなく，図同士の関係についても着目するような問いかけを行います。

評価のポイント
時間があれば，適用問題としてほかの動物も扱ってみましょう。もとの数をわり算で求めることができれば，この授業での学習が身についたと評価できます。　（笠井先生）

・もとにする量を求める際に，その場面を図などで表し，それを□を用いたかけ算の式に表すなどしながら，求めていけばよいことを理解します。

📖 本時のノート

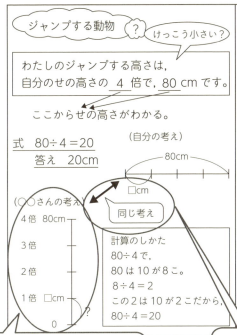

授業者からのコメント

　5年の「割合」は，子どもにとって理解が難しいといわれています。例えば，「比較量」「基準量」「割合」ならびにその関係を把握することの難しさは，全国学力・学習状況調査からも度々指摘されています。このような現状に対して，新学習指導要領では，4年で「小数倍」「簡単な割合」を扱うことが明記されました。そして，3年の「倍の計算」（倍の学習）は，上記の学習の基礎として位置づきます。ここでは，単に"何倍かを求める場合やもとにする大きさを求める場合にはわり算を用いればいいね"ではなく，わり算の式とともに，テープ図や子どもがかいた図，□を用いた式などを関係づけながら，「基準量」，「倍」，「比較量」の関係を理解していくことが大切です。

笠井先生からのコメント

　「ある長さを0.6倍したら120cmになりました。ある長さは何cmですか。」という問題で，「120×0.6」と式を立てるつまずきが見られます。倍という言葉があればかけ算だと思っているのです。本事例は，このようなことが起きないために，倍という言葉が問題文にあっても，わり算で答えを求めることがあることを示した場面です。80×4ではなく，80÷4であること説明する際は，この事例のように，問題文をもとに図に表して，図をもとに式に表すという，2段階の過程を丁寧にたどることが大切です。「背の高さ（□cm）をもとにしてそれが4倍になった」ということから，「□×4」と式が立つことも大切にしていて，□×4＝80と80÷4をつなげているところもすばらしいです。

三角形づくり 〈三角形〉

先生名：小島 美和

 二等辺三角形，正三角形の辺の相等関係について理解し，円の半径を用いて二等辺三角形や正三角形を作図することができる。

本時における新学習指導要領上のポイント

本時では，子どもたちが図形を構成する要素である辺の長さに着目して，円の半径はどこでも等しいという性質を使い，二等辺三角形を作図します。そこから，二等辺三角形の底辺の長さと他の2辺の長さを等しくすると正三角形になることを通して，二等辺三角形と正三角形の関係について発展的に考えていけるようにします。

用意するもの

円をかいた紙（掲示用，児童用），コンパス，ものさし

本時の板書計画

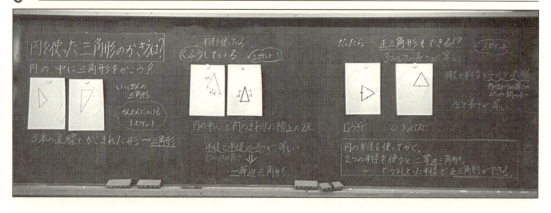

本時の学習前に／学習後に

- 長さの異なるストローで様々な三角形をつくり，辺の長さに着目し分類して二等辺三角形，正三角形の意味をとらえる。
- ものさしとコンパスを使った二等辺三角形や正三角形の作図を考える。
- 本時の後，図形の角の意味を知り，角の大きさ比べをしたり，二等辺三角形や正三角形の角の相等関係について調べたりする。

💬 授業展開

この授業は,「三角形」の単元で,二等辺三角形と正三角形の性質の学習後,習熟と活用として行う。

1 問題提示

円の中に三角形をかこう！

　円をかいた紙を配る。

T：昨日までに三角形のかき方を学習しましたね。
　　今,みんなに配った紙には,円がかいてあります。
　　今日は,この円の中に三角形をかいてみましょう。

C：何個かいてもいいの。

T：いいですよ。いろいろな三角形をかいてみましょう。

・ノートに複数貼れる大きさの,円をかいた紙をたくさん準備しておきます。

2 自力解決・集団検討

T：どんな三角形がかけましたか。紹介してください。

・自力解決中に,黒板での掲示用の用紙にかいた円をかきうつすなど,掲示の準備をします。

T：これらは三角形ですか？

C：三角形。3本の直線で囲まれた形だから。

T：こういう三角形を,みんなは何と言っていましたか。

C：一般の三角形。

T：このような三角形をかいた人はいますか。

C：（多数挙手）簡単にかけた。

T：多くの人がかいていますね。簡単だったようなので,この一般の三角形をかいた人は,1ポイントにします。かけるのは,一般の三角形だけですよね。

C：ほかにもある。ちょっと工夫した。

・「一般の三角形」という表現は,教科書には出てきませんが,クラス内で前時までに出ていた共通の表現として使っています。

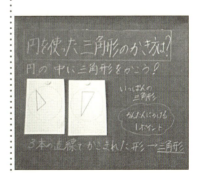

T：では，工夫してかいた三角形を見てみましょう。

T：どんな工夫をしていますか。

C：円の中心を使っている。　C：半径を使っている。

C：二等辺三角形をかいている。

T：この三角形は，二等辺三角形でしょうか。

C：円の中心から円の周りの線の2か所を直線で結んでいて，どっちも円の半径だから，二等辺三角形。

C：この2つの辺が円の半径になっていて，円の半径は，同じ長さだから二等辺三角形になる。

T：どうして半径を使おうと思ったのか分かりますか。

C：二等辺三角形は2つの辺の長さが等しい三角形でしょ。円の半径はどれも同じ長さだって勉強したから。

C：だったら，こんなのもかけるよ。

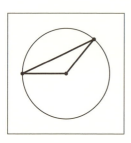 

T：円の中心から円の周りに引いた2本の線は，半径になっていますね。半径を使って工夫したから2ポイントにしましょう。円の半径を使うと，一般の三角形だけでなく，二等辺三角形もかけましたね。

C：だったら正三角形もかけるかも。

C：えっ。かけるかな。

T：正三角形もかけそうだと思う人はいますか。

 数学的な見方・考え方のポイント

かいた三角形が本当に二等辺三角形であるかを問い直すことによって，円の性質に着目して説明する流れが生まれています。数学的な見方・考え方を働かせる効果的な問い返しです。

(盛山先生)

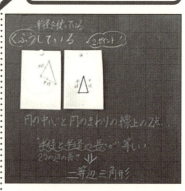

 評価のポイント

はじめは一般の三角形のみをかいていた児童も，円の半径を利用して二等辺三角形をかくことができれば，円の性質と二等辺三角形の定義に着目して課題を解決できたと評価できます。このタイミングで，全員で二等辺三角形をかく時間をとってもよいでしょう。

(笠井先生)

 数学的な見方・考え方のポイント

一般の三角形，二等辺三角形がかければ正三角形もかけるのではないか，という考えには，既習から発展的に考える姿が見られます。ぜひ価値づけたい発言です。「新しい問題を見つけた子がいるよ」と伝え，正三角形を想起させてもよいでしょう。

(盛山先生)

C：(半数程度が挙手)

T：では，時間をとるのでかけるかやってみましょう。

正三角形の作図に挑戦する。

T：困っている人は，何に困っているのか話せますか。

C：正三角形は，3つの辺の長さが等しい三角形でしょ。半径2つで同じ長さの辺2つはかけるけど，もう1つ同じ長さの辺がかけない。

T：正三角形のかき方のヒントを出せる人はいますか。

C：長さをうつしとったらできる。

T：長さをうつしとるって言っているけど，どういうことでしょう。近くの人と話してみましょう。

近くの人と話し合う。

T：説明しながら黒板にかけますか。

C：半径を1つかいて，その半径の円の周りの点から半径の長さをものさしではかって，円の周りに合うところで点を取って線を引いて，その点から中心へ半径を結ぶ。

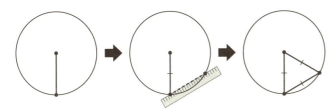

C：長さをうつしとるならコンパスの方がいいよ。円の勉強で，コンパスで長さをうつしとったでしょ。

T：学習したことをよく覚えて使っていますね。すばらしいです。コンパスは円をかくだけでなく，長さをうつしとることもできましたね。コンパスを使ってもかけますか。

C：半径をかくでしょ。半径の長さにコンパスを開いて，最初にかいた半径の円の周りの線上の点に針をさして，円の周りの線上にコンパスで印をつけて，針をさした点と，印をつけたところと，円の中心を線で結ぶ。

・作図できず困っている児童の発言から，正三角形と二等辺三角形を比較するという見方・考え方を働かせ，半径2つに加え，もう1つ同じ長さの辺がかければ正三角形になるという気づきをクラス全体で共有しています。

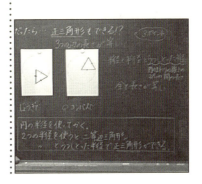

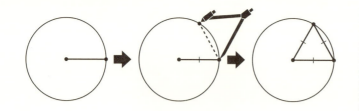

・先に円周上に半径と同じ長さの直線をかき，両端から中心に直線をかくかき方もあります。

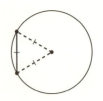

T：正三角形は何ポイントにしますか。

C：3つの辺の長さを等しくするから，3ポイント！

C：半径2つと，あと1つ長さをうつしとるから3ポイント。

T：では，かけたら3ポイントです。ものさしとコンパス，両方のかき方で正三角形をかいてみましょう。

2通りのかき方で，正三角形の作図をする。

 評価のポイント
友だちの考えを理解して，2通りのかき方で正三角形をかくことができたかを評価します。
（笠井先生）

3 振り返り

T：今日の学習では，円を使った三角形のかき方を考えてきました。どうやったらかけましたか。

C：二等辺三角形や正三角形も半径を使うとかけた。

C：半径を2つ使うと二等辺三角形，うつしとった半径1つと半径2で正三角形がかけた。

T：では，今日のまとめに書いておきましょう。学習感想も書きましょう。どんなことが分かりましたか。

C：半径の長さはすべて同じだから，それを利用して二等辺三角形や正三角形をかくことができました。だけど，正三角形をかくのは難しかったです。

C：正三角形は，円の半径を使って，さらに半径の長さをコンパスでうつしとるから，二等辺三角形より難しい。

T：2人が言いたいことはどういうことか分かりますか。

C：二等辺三角形だったら，円の中心からかく半径2つはどこでもいいけど，正三角形だと，どこでもいいわけじゃないから難しいってことだと思う。

・これらの発言で，児童が，二等辺三角形と正三角形を比較し，違いに着目するという見方・考え方を働かせ，作図の仕方について考えていることがみとれます。

本時のノート

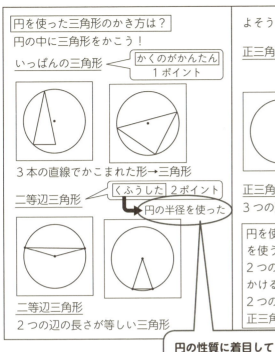
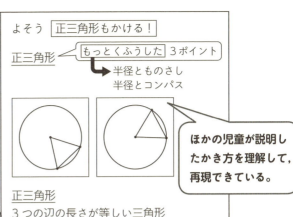

授業者からのコメント

　教師から円の半径を示さなくても，二等辺三角形の作図の方法を子どもたちが考える中で，既習事項である円の半径はどこでも等しいという性質に気づき，二等辺三角形をかけるようにします。また，二等辺三角形がかけたことから，もう1つの辺も同じ長さにできれば正三角形がかけるということに気づいていけるよう問題を提示します。図形を構成する要素に着目し，その観点をほかの図形にも用いようとする態度を養うことは，4年での平行四辺形，ひし形，台形などの考察にも生かされていくと考えられます。

笠井先生からのコメント

　円の中に三角形をかく活動の中で，円の中心や半径を使って，二等辺三角形をかいている子どもを取り上げて，その考えをクラス全体に共有していくところがすばらしいと思います。最初に，「これは何の形か」を問い，「二等辺三角形なのはなぜか」と理由を問い，「どのようにかいたら二等辺三角形になるか」とかく方法を問うというように，先生が適切な問い返しをしていることがすばらしいです。さらに同じことを正三角形でもくりかえしています。そして，先生が問うだけでなく，子どもたち一人ひとりがその答えを言えるように，一人が言ったとしても，それでよしとしないで，ほかの人にも言わせたり，実際に自分でできるか確かめさせたりしているところもすばらしいです。

4年 面積 重ねてできた形の面積は？

先生名：正 拓也

ねらい　図形を構成する要素に着目して，面積を求める式を図と関連させて，求積方法を説明することができる。

本時における新学習指導要領上のポイント

新学習指導要領では，「面積，体積」等が「量と測定」領域から，「図形」領域の中で扱われるようになります。本時では，長方形を重ねてできた形の面積を，既習の図形（長方形やL字型）の求積方法を振り返りながら求めます。この際に，図形を観察し，構成する要素（辺の長さや図形の重なり）や既習の図形との関係性を見出すといった見方や，既習の形を基にして考えるといった考え方を働かせることができるように留意します。

用意するもの

長方形の紙（掲示用）

本時の板書計画

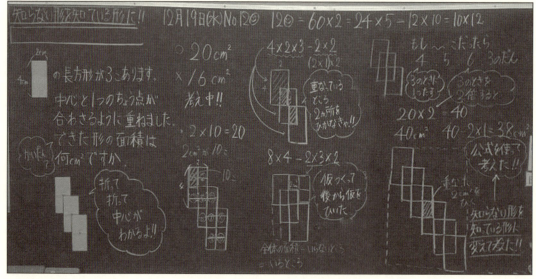

本時の学習前に

- L字型のような複合図形の面積を求めるには，縦や横に線を引き図形を分けて計算する方法や，欠けている部分を補い後からひく方法があることを確認する。
- 公式を使って求めることができない複合図形は，既習の長方形や正方形に分けたり，変形させたりすると，公式を使って面積を求めることができることを確認する。

💬 授業展開

この授業は,「面積」の学習の活用として行う。

1 問題提示

たて4cm, 横2cmの長方形が3こあります。
図のように, 中心と1つのちょう点が合うように重ねました。できた形の面積は何cm²ですか。

T：ノートに形をかき写してから考えましょう。

C：中心はどこですか。

T：長方形を縦・横に半分に折った線が重なるところです。

・円以外の図形の「中心」は未習なので,「中心」がどの位置にあるかは, 全体で確認してください。

2 自力解決

ノートに図をかいて, それぞれ自力解決する。

C：1ますを1cm²として考えると……。

C：L字型のときの考え方が使えそう。

T：面積は何cm²になりましたか？

C：24cm²　　C：20cm²　　C：16cm²

・これまで学習した複合図形と似ているところを見つけ, 解決しようとする様子が見られるかをみていきます。

・24cm²は長方形3つ分から重なりをひいていない誤答, 16cm²は長方形2つ分のみの面積になっている誤答と考えられます。

3 集団検討

T：どうやって求めたか, 式があれば教えてください。

C：2×10

T：この2は何を表していますか。

C：2cm²。1cm²が2個で2cm²を表しているよ。

C：長方形を4つに分けて2cm²。2cm²が10個で20cm²。

C：20cm²ということは，24cm²と16cm²は間違いだね。

C：先生，ほかにも求め方があります。

T：どんな求め方かな。式だけ教えてくれますか。

C：4×2×3－2×2

T：どんな考え方をしたか，式から分かるかな？

C：はじめの4×2で長方形の面積を求めているね。

C：式の中にひき算があるので，どこかから何かをひいて面積を求めているよ。

C：2×2は，何を表しているのかな。

C：2cm²が2か所ってことじゃないかな。
2×10の考えのときの2cm²だよ。

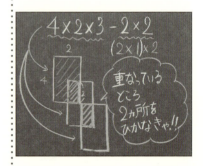

C：(2×1)×2ってことだね。

C：重なっている2か所をひいているんだね。

T：この考え方を，ひとことでまとめてみましょう。

C：重なっている場所をひいて求める考え方。

T：ほかの式もありますか？

C：8×4－2×3×2

T：どんな考え方か，今度も式から分かるかな？

C：ひき算があるから，さっきと同じように，どこかから何かをひいて面積を求めています。

C：8×4は大きな長方形だから，L字型のときのように，あるつもりで後から必要ない部分をひいている。

T：大きな長方形？　図で説明できますか。

C：こうやって大きい長方形をつくると，これが8×4。

C：本当だ，L字型のときと似てるね。

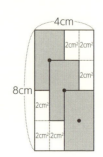

> **数学的な見方・考え方のポイント**
>
> 誤答はそのままにせず，どのように考えてこの答えを出したかを共有してみましょう。24cm²は重なる部分をひいていない誤答ですが，正答につながる「重なりをひく」考え方を見出せます。16cm²では不足部分がありますが，不足部分をたせば正しく求められると考えられます。
> 誤答にも，正答につながる見方・考え方が含まれていると示すことで，誤答をおそれずに粘り強く考える姿勢が育まれます。
>
> （盛山先生）

> **数学的な見方・考え方のポイント**
>
> 重なっているところについての考え方がわかるように，式と図とを関連づけて説明するようにしているのがよいです。
>
> （盛山先生）

> **数学的な見方・考え方のポイント**
>
> 前に学習したL字型のように……と考えているということは，既習事項から類推して考えることができています。ぜひ価値づけたいところです。
>
> （盛山先生）

T：L字型で出てきた，大きい長方形からいらないところをひく考えを使っていますね。さっきの式から，いらないところの面積はどう考えたか分かりますか。

C：2×3×2がいらないところで，2cm²が3つ分の形が2個ってこと。だから，8×4－2×3×2で面積が求められる。

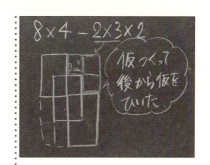

T：この考え方も，ひとことでまとめてみましょう。

C：仮の部分をつくって後からひく。

C：全体の面積 － いらないところ ＝ いるところ

4 振り返り

T：2通りの求め方を説明してもらいましたが，式は違っても似ているところはありましたか。

C：重なっているところをひいたり，たした後にいらないところをひいたりしている。

C：結局，前やったL字型の考えが使えるってこと。

T：L字型の面積を求めるときのポイントは何でしたか。

C：分けたり，あるつもりにして後からひいたりする。

C：縦分けや横分けにして考えた。

T：どうして，そのままではなく，分けたり，あるつもりにして後からひいたりしたのかな？

C：長方形や正方形にすれば，公式が使えるから。

C：知っている形に直せば，面積が求められるから。

5 適用問題

T：今日の問題を少しレベルアップしてみましょう。どんな問題がつくれそうですか？

C：形を変える。　C：重ねる長方形の数を変える。

・図示するときは，矢印や色を変えるなど工夫し，辺の長さや関係に着目して，図と関連させながら求積方法について説明できるようにします。

数学的な見方・考え方のポイント

「どうしてそのようにしたのかな？」と，考えのもとになっている着想を尋ねることで，今後の学習でも使える考え方を言葉でまとめることができます。
（盛山先生）

T：重ねる数を変える場合，長方形が何個なら，すぐに答えが出せそうかな。理由も教えてください。

C：4個。3個のときから1つ増やせばいいから。

C：6個。3個のときの面積の2倍だから。

C：9個。3個のときの面積の3倍だから。

T：3の段の数が多いですね。6個のときは，3個のときの20cm²の2倍で40cm²ということですね。

C：そうなるはず。

C：ちょっと待って。実際にかいてみたら，重なる部分が出てくるよ。

T：いま言ってくれたことがどういうことか分かりますか。ノートに図や式をかいて想像してみましょう。

　　それぞれ，ノートに図や式をかく。

C：3個と3個を重ねると6個になるけど，3個と3個を重ねたところの2cm²をひかないと。

C：式にすると，20×2－2×1。答えは38cm²。

C：2cm²の長方形が19個あるから，2×19でもいいね。

T：なぜ，重ねる数を変えてもすぐ答えが出たのかな。

C：3個のときの考えを使った。

C：重なりをひくのをさっきの問題でもやったから。

T：習ったことを使えば，数が増えたり，形が少し変わったりしても解決することができそうですね。では，学習感想を書きましょう。

・解決した問題をもとに，発展的に類題を作成する数学的活動です。

評価のポイント

3枚重ねたときの面積の見方・考え方を使って，数が増えた場合を考えることができているかを評価します。友だちの言葉を図にすることを通して，ただ答えを求められるかだけでなく，言葉・式・図をつなげて，理由を説明することができるかを確認します。

（笠井先生）

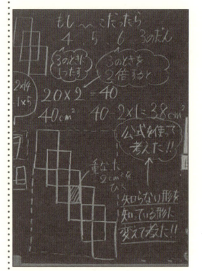

本時のノート

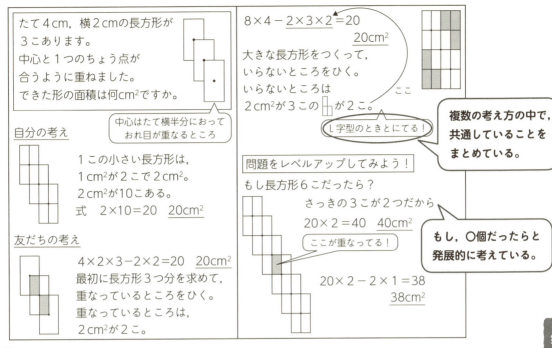

授業者からのコメント

　本時は，「面積」の学習の総まとめとして行います。この授業を通して，「面積」の学習で大切にしたい見方・考え方を，自分たちが学習してきた過程を振り返りながら再認識していきます。既習の図形を基にして考えるといった考え方は，5年の平行四辺形や三角形の求積の際にも使える大切な考え方なので，本時を通して確実に獲得させていく必要があります。この教材は，図形の個数や重ね方などを工夫することで他学年でも取り扱うことができるので，子どもたちの実態に合わせて展開の工夫をすることができます。

笠井先生からのコメント

　長方形を組み合わせたL字型の図形の面積の次の時間として，この問題場面を設定しています。L字型の図形の面積を求める際に，1cm²がいくつあるか数える方法，2つの長方形に分ける方法や，大きな長方形から欠けた長方形を取る方法などが出てくると思います。今回は新しい考え方として，重なった部分を取るという考え方が出てきます。初めて出てくる考え方なので，その考えの発表に重点を置き，ノートに記録させ，ペアで確認し合うなどの時間を取るとよいと思います。今回，適用問題では，長方形6個の場合を取り上げていますが，重なりをひくことができているかノートに書かせ，評価していることがすばらしいと思います。

4年 簡単な割合
ゴムののび方をくらべよう

先生名：久下谷 明

 ねらい　日常事象における数量の関係に着目し，2つの数量の関係同士の比べ方を考えるとともに，差や割合（倍）による比較の特徴について，図を基にした説明を通して理解することができる。

本時における新学習指導要領上のポイント

　日常事象における数量の関係に着目し，図や式などを用いて，ある2つの数量の関係と別の2つの数量の関係との比べ方について考察していきます。2つの数量の関係同士を比べるとき，割合（倍）を用いる場合があることを知るとともに，そのような見方・考え方のよさに気づき，生活等に活用していこうとする態度も育成できるように，問題場面等を工夫していくことが大切です。

用意するもの

30cmの長さの桃色の平ゴム（伸度約2倍），15cmの長さの水色の平ゴム（伸度約3倍）
30cm，60cmの桃色の紙テープ，15cm，45cmの水色の紙テープ
走り高跳びの様子の図，伸びてしまった平ゴムの写真

本時の板書計画

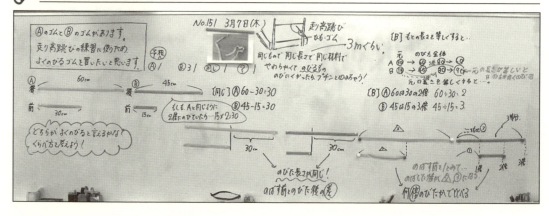

本時の学習前に／学習後に

- 2〜3年で，整数倍を扱い，「もとにする量の何倍」という見方で2量の関係をとらえている。
- 2〜3年の「分数」の学習で，「もとの大きさの1／2」などで2量の関係をとらえている。
- 4年では，本時で，2つの数量の関係同士を比べるとき，差による比較のほかに，倍による比較があることを知り，次時で「割合」について知る。
- 4年までの倍・割合の学習を下地とし，5年「割合」の学習を行う。

授業展開

この授業は，「簡単な割合」の導入として行う。

1 問題提示

T：走り高跳びって分かりますか。
C：棒をジャンプして跳び越えるやつ。
T：そうですね。実は，走り高跳びの練習で平ゴムを使っていたんですが，ずっと使っていたら，こうなってしまいました。

走り高跳びの様子の図と，伸びきったゴムの写真を示す。

ゴムを買い換えたいんですが，どんなゴムがいいでしょう。
C：写真と同じもので，同じ長さで，同じ材料で作られたもの。
C：やわらかくて伸びるもの。
T：どうして伸びるものがいいのですか。
C：もし伸びにくかったら，引っかかった時に切れちゃう。
T：そうですね。先生もよく伸びるゴムがいいと思って，調べたら2つの会社のゴムを見つけました。買う前にサンプルをもらったんですが，このように伸びます。

A社のゴム（桃色）30cmとB社のゴム（水色）15cmを伸ばしてみせる。

C：B社の方が伸びている感じがする。
T：では，今日は次のようなことを考えたいと思います。

> AのゴムとBのゴムがあります。
> 走り高跳びの練習に使うため，よくのびるゴムを買いたいと思います。

A，Bそれぞれのゴムの伸ばす前の長さ，伸ばした後の長さを写し取ったテープを提示する。

T：パッと見て，どちらがよく伸びていると思いますか。「A」「B」「同じ」「悩み中」に分けて，予想に合うものに挙手させる。
T：それでは，伸ばす前と後の長さを書きます。どちらがよく伸びるといえるか，比べ方を考えましょう。

・子どもたちとのやりとりを通して，走り高跳びに適したゴムとはどのようなゴムかを考えることで，これから何を考えていくのかという目的を明確にしながら，問題場面を設定していきます。

・伸びる前の長さと伸びた後の長さを，それぞれ提示することによって，長さの関係をイメージしやすくするとともに，その関係を図に表現しやすいようにします。

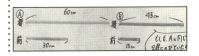

テープ図に長さの数値を書きこみ，自力解決に入る。

2 自力解決

C：(差による比較)
　　A…60−30=30　　30cm
　　B…45−15=30　　30cm
　　AもBも30cmずつ伸びるから
　　同じ。

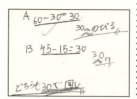

C：(倍による比較)
　　A…60÷30=2　　2倍　　B…45÷15=3　　3倍
　　Aを伸ばすと，もとの長さの2倍だけど，Bを伸ばす
　　と，もとの長さの3倍になるから，Bの方がよく伸びる。

C：(倍による比較で，もとの長さをそろえる)
　　もとの長さをそろえて，Bを
　　30cmにする。30cmにする
　　と，伸ばした後のBの長さは，
　　30÷15=2，45×2=90で
　　90cm。Bの方がよく伸びる。

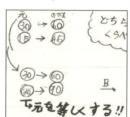

3 集団検討

T：答えから聞きます。AとBではどちらがよく伸びますか。
　「A」「B」「同じ」に分けて，合うものに挙手させる。

T：Bの人と，同じという人がいますね。まず，同じと
　　いう意見について，どう考えて，同じと判断したの
　　か分かりますか。

C：(差による比較)Aは60−30=30で30cm伸びてい
　　て，Bも45−15=30で30cm伸びているから同じ。

T：図でも説明できますか。どこが同じと言っているで
　　しょう。

C：ここの伸びた長さが同じ。

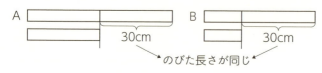

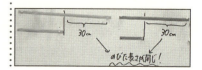

・単に「30cmで同じ」や「3倍でB」とだけ書いている子には，「どうやって求めたの？」と問い，考えさせます。

・さらに，「式の意味を図でも説明できるといいね。」と声をかけ，図による説明を促していきます。

・答えから聞き，その後，どのように求めたのかを問います。ペアで説明し合う時間をとってもよいです。それによって，他者の考えを理解しようとする姿勢，他者と自分の考えとの関係を考えていく力を育てていきます。

T：伸びた長さに着目すると同じといえるのですね。次は，Bの方がよく伸びると考えた人の考えを教えてください。

C：（倍による比較）Aは60÷30＝2で2倍，Bは45÷15＝3で3倍。Bの方がよく伸びるといえる。

T：さっきと同じように，図でも説明してくれますか。

C：図でみると，どちらも伸ばす前を1とすると，Aは，伸ばした後の長さは2になって，Bは3になっている。

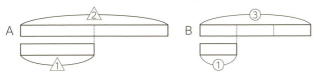

・出された考えを図と関係づけて説明します。式と図を関係づけながら説明する力を養います。

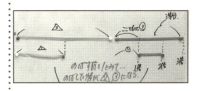

T：図だと違いがよく分かりますね。Bがよく伸びるという意見で，別の方法で比べた人もいたので，それも考えてみましょう。

C：（倍による比較で，もとの長さをそろえる）AとBのもとの長さをそろえて，Bを30cmとすると，伸びた全体の長さは90cmになる。Bの方がよく伸びる。

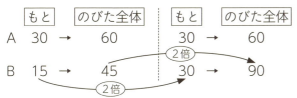

C：Bを30cmにしても，伸ばした後の長さは90cmにはならないよ。

T：別の意見ですね。90cmにならない理由を教えてください。

C：Bを30cmにするには，もとの15cmに15cmをたすでしょ。伸ばした後も15cmたして，45＋15＝60で60cmだと思う。どっちも60cmに伸びるから，Bがよく伸びるんじゃなくて同じだよ。

T：もとの長さをそろえる考え方で，2つ説明が出ましたね。

C：たした分も伸びるから，90cmでいいんじゃないかな。

T：たした分も伸びるってどういうことですか。

C：もともとの15cmが45cmに伸びるんだから，もとの長さに後でたした15cmの分も，伸ばしたら45cmになるよね。

・既習の倍の見方を基に，「もとにする量を1とみたときに，比較する量がどれだけにあたるか」という見方を大切にし，「割合」の意味の指導につなげます。

 数学的な見方・考え方のポイント

ある長さのときに2倍伸びるゴムのもとの長さを変えても，同じように2倍に伸びるということは，割合で考える場合に必要な比例関係の仮定です。この段階では，差で考える児童も多いと思われるので，この点をクラスで共有するのは重要なことです。児童から出ない場合は，先生から問い返してみましょう。

（盛山先生）

C：あー，同じだけたすんじゃだめなんだ。

T：でも，別の考えがあったから，くわしく調べられましたね。もし，もとの長さをそろえるとして，今度はAを15cmにしたら，Aの伸ばした後の長さはどうなるでしょう。ノートに書いてみてください。

考える時間をとる。

C：Aはもとの長さの2倍に伸びるから，もとの長さが15cmだったら，15×2＝30で，30cmになる。

C：Bの伸ばした後の45cmより短いです。

T：サンプルのゴムがあるので，切って確かめてみましょう。

Aのゴムを15cmに切って伸ばし，Bを伸ばした長さと比べる。

C：15cmにそろえたら，やっぱりBの方が伸びるね。

4 振り返り

T：同じという意見と，Bの方が伸びるという意見がありましたが，それぞれ，何で比べているといえますか。

C：同じの人は，伸びる前と後の長さの差で比べている。

C：Bの人は，何倍伸びたかで比べている。

T：今日は，どちらがよく伸びるかについて，その比べ方を考えてきました。大きく分けると，差で比べるやり方と倍で比べるやり方がありましたね。では，学習感想を書いて終わりましょう。

> **評価のポイント**
> 比例を仮定することについて，似た場面でもう一度考えさせています。もとの長さをそろえる場合でも差で考えていた児童の考えの変容を，このノートでみとることができます。
> （笠井先生）

・差による比較と割合（倍）による比較について学習した後，改めて2つを比べながら見返し，その比較方法の違いやそれぞれの特徴を明らかにしていきます。

本時のノート

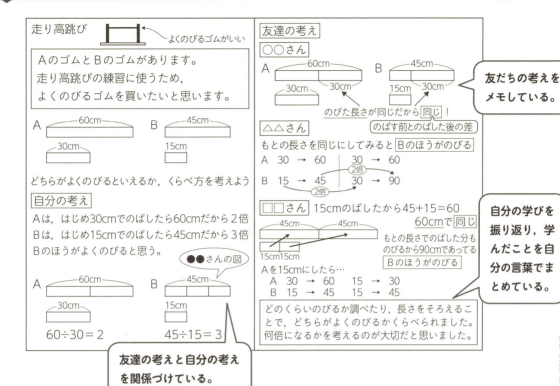

授業者からのコメント

　走り高跳びの練習に向け，棒の代わりに用いる平ゴムについて，安全面からよく伸びるものを購入したいという思いから，問題場面を設定し，自分事として取り組めるよう工夫しました。平ゴムは，伸び具合（伸度）が何倍という形で示されており，ゴムのもとの長さと伸びた後の長さには比例関係が成り立ちます。今回は，もとの長さを短くしてそろえる場合について実物の平ゴムで試す展開で終えましたが，走り高跳びで実際に使う長さ（3m程度）をA，B両方について準備し，伸ばしてみることも考えられます。どの場合も，もとにする量が異なっても，もとにする量を1とみれば，割合（倍）は同じということを実感していきます。

笠井先生からのコメント

　ゴムの伸びを比べる際，走り高跳びの練習に使うゴムを選びたいという場面は子どもに必要性が感じられる場面ですばらしいと思います。また，単に「30cm伸びたから」などと書く子どもがいますが，そういう子どもに対して，「30はどうやって出したのか式で表せませんか」「30cm伸びたということが分かるような図にできませんか」という問い返しをしていることも，子どもたちの思考を伸ばす視点から大切にしたいことだと思います。最後に，30cmにそろえて比べるとよいことを確認した後，15cmにそろえたらどうかを全員に考えさせていますが，このことで，本時でできるようになってほしい考え方を，すべての子どもができるようになったのか評価することができます。

変わり方
おふろとシャワーどっちがエコ？

先生名：正 拓也

 具体的な場面において，表や式を用いて，変化の様子を表すことができる。

本時における新学習指導要領上のポイント

簡単な比例，比例・反比例の学習の素地となる本単元では，主に，「具体的な場面において，表や式，折れ線グラフを用いて変化の様子を表したり，変化の特徴を読み取ったりすることができるようにすること」「ともなって変わる２つの数量を見出すこと」「２つの数量の関係に着目し，表や式を用いて変化や対応の特徴を考察すること」という資質・能力を育成します。その際，「一方の数量を決めれば他の数量が決まるかどうか」「一方の数量は他の数量にともなって一定のきまりに従って変化するか」という見方を働かせる必要があります。

用意するもの
なし

本時の板書計画

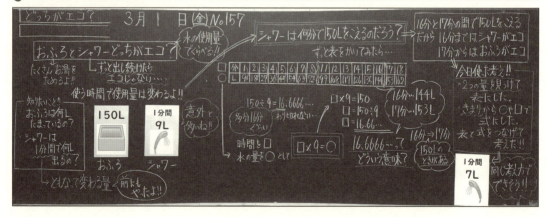

本時の学習前に

- 身の回りの事象から，１つの量が変わると，それにともなって変わる量があることを確認する。
- ストローを使って正三角形を横に並べた形をつくったときの正三角形の個数とストローの本数の関係を表に表し，関係を調べる。
- ともなって変わる２つの数量の関係を，□と○の式で表せることを確認する。
- 正方形を使ってつくった階段の段数と総数の変化を調べて，きまりを一般化させる。

💬 授業展開

この授業は,「変わり方」の単元で,2つの数量の関係を表や式を用いて表す授業として行う。

1 問題提示

おふろとシャワーどっちがエコ？

T：お風呂とシャワーはどっちがエコですか？

C：エコってことは,水を使う量が少ないってこと？

T：そうですね。今日は,水の使用量で比べましょう。

C：いつもお風呂とシャワーを両方使っているけど……。

T：今回は,お風呂に溜めた水だけを使ったときと,シャワーだけを使ったときを比べます。

C：シャワーかな。お風呂はいっぱい水を溜めるし。

C：シャワーもずっと出しっぱなしだと,いつかはお風呂より水の量が多くなるんじゃないかな。

T：いつか多くなるってどういうこと？

C：ある時間までは,お風呂の水の方が多くてシャワーの方がエコだと思う。だけど,途中からは,シャワーの方が水の使用量が多くなってお風呂の方がエコになる。

C：あー,なるほど。

T：使う時間によって変わりそうということですね。では,何が分かれば,その境目の時間を調べられるかな。

C：お風呂の水の量。

C：シャワーの時間。

C：1分間で何Lの水がシャワーから出るのか知りたい。

T：どうして,1分間で何Lの水がシャワーから出るのか知りたいんですか？

C：だって,シャワーを使った時間が分かっても,どのくらい出るのか分からないと,何分でどのくらい水が出るか求められないよ。

数学的な見方・考え方のポイント

変化の様子をとらえるために必要なともなって変わる量が何かをクラス全体で見出し,確認することで,どのような観点で調べればよいかという見通しがもてます。

（盛山先生）

・問題場面をとらえ,既習事項や生活経験を振り返り,ともなって変わる2つの量を見つけています。

C：ということは，シャワーの時間と水の量は，ともなって変わる量だ。前の時間にもやった。

T：前の時間にやったことが使えそうですね。前の時間，どうやって変わり方の関係を調べたか覚えていますか。

C：表を使った。

C：式にも表したよ。

T：表や式を使えば調べられそうですね。では，お風呂には150L溜まっていることとします。シャワーは1分間に9L出ることとします。

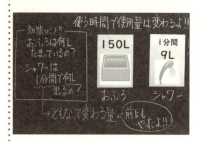

C：1分間で9Lって，意外と多いね。

T：何を調べれば，どちらがエコかの境目の時間が分かりますか？

C：お風呂が150Lだから……。

C：シャワーが何分で150Lを超えるかを調べれば，境目の時間が分かるよ。

T：では，1分間に9L出るシャワーを何分使うと，お風呂の150Lを超えるのか，調べてみましょう。

・どちらがエコかを考えるために，具体的に何を求めればいいか，問題をクラス全体で確認します。

シャワーは何分で150Lをこえるのだろう？

T：1分間で9Lなので，シャワーの時間と水の量の関係の表はこんな感じですね。

シャワーの時間（分）	1	2	3				
水の量（L）	9						

自力解決の時間をとる。

・シャワーの時間と水の量は比例するため，0分から始めるのがよいですが，4年の変わり方の段階では，表を縦に見て立式するときのために，ここでは1から始まる表を提示しています。児童が0から始まる表を書いていた場合は，それも認めてください。

2　集団検討

T：では，シャワーを何分使うと水の使用量が150Lを超えるのか，どう考えたかも一緒に発表してください。

C：式で計算したけど，わりきれなくて，何分かちゃんと分からなかった。16分ぐらい。

T：どういうことでしょう。式をどうやって立てて，どんな計算になりましたか。

C：表を書いていたら，なかなか150にならなかったから，途中でやめて式にして，□×9＝○にした。

T：いきなり，□や○が出てきましたね。どうやってその式になったか，表を使ってみんなに説明してください。

C：前の時間，表を縦に見て式にしたから，今度も縦に見たら，いつも時間に9をかけたら水の量になってる。

シャワーの時間（分）	1	2	3	4	5	6	7
水の量（L）	9	18	27	36	45	54	63

だから，シャワーの時間を□分にして，出た水の量を○Lにすると，時間に9をかけたら水の量だから，□×9＝○

T：どうしてその式になったか分かりましたね。では，わりきれなくて，とはどういうことですか。

C：出したいのは，何分で150Lになるかだから，さっきの式の水の量の○に150をあてはめたら，
□×9＝150
　　□＝150÷9
　　　＝16.66…
わりきれないから，よく分からなかった。

C：表だとちゃんと時間が分かったよ。17分！

T：最後まで表で考えた人もいるんですね。どんな表になって答えが分かったか，教えてくれますか。

C：ずーっと表を書いていったら，16分が144Lで，17分は153Lだったから，17分でシャワーの方がお風呂より多くなります。

・表からの立式は，前時までに行っていますが，自力解決では式化していなかった児童に説明させるなどして，□や○が何か，9はどこから出た数かなど，クラス全体が根拠をもって立式できるようにしていきます。

> **数学的な見方・考え方のポイント**
> 表の数値を縦に関連付けることで，対応の特徴を見出しています。表を縦に見たり横に見たりすることで，数値の関係に規則性を見出し，式に表すことができるようになります。
> （盛山先生）

・(整数)÷(整数)＝(小数)の計算は，この単元の学習時に未習のこともあります。商は一の位まで求めてあまりを出して考えることもできます。
（150÷9＝16あまり6）

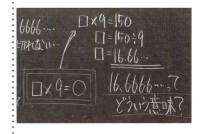

・小数で表された時間は，児童の理解が難しいです。16分から17分の間とすぐに答えられた児童がいたとしても，表で理解を深めるのがよいでしょう。

シャワーの時間（分）	1	2	3	4	5	6	7
水の量（L）	9	18	27	36	45	54	63

8	9	10	11	12	13	14	15	16	17
72	81	90	99	108	117	126	135	144	153

数学的な見方・考え方のポイント

150Lになる時間がわりきれない値で出るため，式だけではとらえにくかった変化の様子が，表に立ち返ることでとらえやすくなっています。

（盛山先生）

C：さっきの計算の16.66…って，16分と17分の間ってことだと思う。

C：確かに，表だと，16分から17分の途中に150Lになるときがありそう。

T：どこが境目の時間かが分かってきましたね。どちらがエコか，答えをまとめてくれる人はいますか。

C：16分まではシャワーがエコで，17分からはお風呂がエコ。

C：16分と17分の間で，シャワーがエコからお風呂がエコに変わるところがある。

3 振り返り

T：今日の学習ではどんな考えを使いましたか。

C：2つの量を見つけて，表にしたよ。

C：表にするときまりが分かって，○や□で式にできた。

C：式だけだと難しかったけど，表と一緒に見ると分かった。

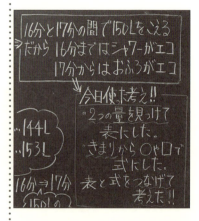

評価のポイント

同じ場面設定で，数値を変えて適用問題に取り組みます。先の自力解決で，表だけ，式だけで解決していた児童が，ほかの見方・考え方を取り入れることができているかを評価します。

（笠井先生）

4 適用問題

T：実は，1分間で7L出るシャワーもあります。これと150Lのお風呂だと，シャワーは何分までエコかな？

C：さっきみたいに表にしてみよう。

C：今度は式でもわりきれるかな。

・150÷7＝21.42… となり，21分まではシャワー，22分からはお風呂がエコになります。

本時のノート

おふろとシャワーどっちがエコ？
シャワーは出しっぱなしだといつかおふろよりエコじゃなくなる。

何がわかればわかる？
おふろは何L入ってるか→150L
シャワーの時間
シャワーは1分間に何L→1分間に9L
└ともなってかわる量

シャワーが150Lをこえたら，おふろのほうがエコになる。

シャワーは何分で150Lをこえるのだろう？
自分の考え　表を使う

シャワーの時間（分）	1	2	3	4	5	6	7	8	9
水の量（L）	9	18	27	36	45	54	63	72	81

つづき　　　　　17分で150Lをこえる

シャワーの時間（分）	10	11	12	13	14	15	16	17	18
水の量（L）	90	99	108	117	126	135	144	153	162

Ａさん　式にして計算したら16分ぐらい

シャワーの時間（分）	1	2	3	4	5	6	7
水の量（L）	9	18	27	36	45	54	63

時間に9をかけると水の量
時間を□分として
水の量を○Lとして
$$□×9＝○$$
□×9＝150
　　□＝150÷9
　　　＝16.66…

> わりきれなくてよくわからない

> 友だちの考えを分かりやすく記録している。

Ｂさん　表でもとめたら17分でこえた
同じ！　16分から17分の間に，150Lになるところがある。

16分まではシャワーがエコ。
17分からはおふろがエコ。

今日の学習をふりかえって
2つの量をみつけて表にする。
きまりをみつけて○や□で式を考える。
表と式をいっしょにみるとよくわかる。

> 自分と友だちに共通する考え方に気づいている。

授業者からのコメント

　今回は，「おふろとシャワーどっちがエコ？」という題材で授業実践を行いました。子どもたちは日常の経験から，シャワーを使用する時間が長くなればなるほど，使用する水の量が増えることは理解しています。何分でシャワーの方が水の使用量が多くなるかを調べる際に，前時までの経験で式を使うと，150÷9＝16.66…とわりきれない数が出てきますが，表と丁寧に照らし合わせることで，16分と17分の間であることをしっかり理解できました。発展的な内容ではありますが，表を細かくして1秒で0.15Lと考えた児童もおり，より正確に表そうとする子どもの姿が見られました。

笠井先生からのコメント

　「お風呂とシャワーどちらがエコ？」と，子どもたちが日常生活で直面する題材を取り上げているところがすばらしいです。そして，どういう数量が分かればこのことがはっきりするかと考えているところもすばらしいです。算数で解決するために分からなければならないことは何かを話し合い，水の量と時間というともなって変わる2量を見出しています。また，計算で答えが求められないとき，表で地道に考えていった方法に脚光が当たっていることもすばらしいです。分からなくなったときに，戻るべき見方・考え方があることで，実感的に問題解決ができます。最後に，1分間で7Lの場合についても考えることができるかどうかを評価していることもすばらしいと思います。

第3章

4年 ▼ 変わり方

図形の面積
どの長さが必要かな？

先生名：大村 英視

ねらい 平行四辺形の面積を求めるために必要な長さを考える。

本時における新学習指導要領上のポイント

平行四辺形の面積の求め方について考える学習では，未習の図形の面積を既習のどの図形に変形すれば求められるかを考えるとともに，1つの公式を導き出すために複数の平行四辺形や三角形の面積を求めてその共通点を考え，図形のどの長さを使えば計算で面積を求めることができるのかを考えることを大切に行うことで，公式の理解を深められるようにします。

用意するもの

児童配布用の図形，掲示用の図形

本時の板書計画

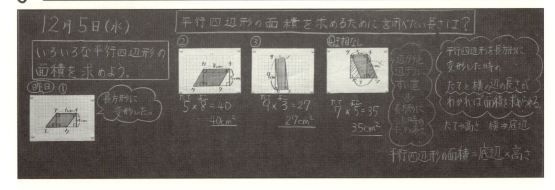

本時の学習前に／学習後に

- 前時では，方眼上に四隅をハトメなどで止めて動かすことができる枠を長方形にして提示し，その枠を少し倒して平行四辺形にしたときに変わるものと変わらないものを考えることを導入とし，長方形から変形してできた平行四辺形の面積を工夫して求め，周りの長さは同じでも，面積が同じになるとは限らないことを確認した。
- 本時では，前時で面積を求めた方法をもとに，どの長さが分かれば平行四辺形の面積を求められるかを考え，公式を知らない図形でも，公式を知っている図形に変形すれば面積を求めることができることを実感する。「高さ」に対する理解を深めることで，三角形，台形やひし形などの面積も既習事項を活用し主体的に考えていけるようにする。

💬 授業展開

この授業は，「図形の面積」の単元で，平行四辺形の面積の求め方の第2時である。

1　導入

T：前の時間では，平行四辺形の面積をどのようにして求めましたか。

前時で面積を求めた，底辺6cm，高さ4cmの平行四辺形の図を掲示し，面積の求め方を復習する。

C：長方形に変形して求めたよ。

C：長方形にして，縦×横で，$4 \times 6 = 24$　24cm²だった。

T：そうでしたね。では，前の時間の平行四辺形を①とします。今日は，ほかの形の平行四辺形の面積を考えます。次の②③の平行四辺形の面積を求めましょう。

平行四辺形の図を掲示し，図を印刷した紙を配付する。

②
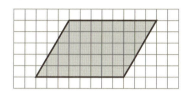

③
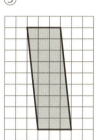

・公式を知っている形に変形して，面積を求めたことを想起できるようにします。

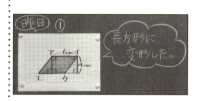

・方眼の上にかかれた平行四辺形の面積を求めることで，前時のやり方の確認をするとともに，この後方眼のない平行四辺形の面積を求めるとき，高さにあたる長さを意識できる下地とします。

2　自力解決1

②
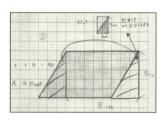

③
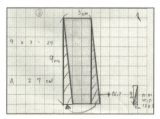

T：②の平行四辺形の面積はどのように求めましたか。

C：①と同じように長方形にして求めたよ。

T：どのように長方形にしたか，図で教えてください。

黒板に掲示した図に，児童にかきこませる。

C：縦が5cm，横が8cmだった．

C：5×8=40で，40cm^{2}です。

T：③はどうでしょう。

C：やっぱり長方形にして，9×3=27　27cm^2

3　自力解決2

T：前の時間でみんなで学習したやり方を使えていますね。では，次はこの平行四辺形の面積を求めましょう。

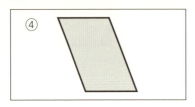

C：今度はます目がないよ。長さがわからない。

T：みなさんは，この平行四辺形の面積を求めるために，どの長さを調べたいですか。どの長さをはかって面積を求めたか，説明できるようにしておきましょう。

図形を印刷した紙を配付し，自力解決をする。

4　考えの共有

T：どの長さをはかって，面積を求めましたか。

C：辺テツをはかったら5cmで，辺タテをはかったら7.5cmでした。縦×横で，7.5×5=37.5で，37.5cm^2。

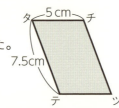

T：辺テツと辺タテをはかった理由を教えてくれますか。

C：平行四辺形の縦と横だから。

C：わたしは，辺テツの長さが5cmで，縦の長さは7cmだったから，7×5で35cm^{2}になった。

T：どこをはかったか，2つ出てきましたね。縦が7cmというのは，どこのことでしょう。

C：長方形の縦の長さじゃないかな。

・②と同じように，図でどのように長方形に変形したかをここでも確認します。

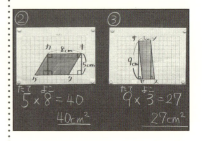

・辺などの長さを示さない，白紙上の平行四辺形を提示することで，どの長さを使って，平行四辺形の面積を求めたのかを意識できるようにします。

・ここまでに，方眼上の平行四辺形を長方形にして面積を求めることを繰り返し行っているので，ここで斜辺をはかる児童がいないこともあると考えられます。その場合も，まとめのときなどに「この斜めの辺は面積を求めるときには使わないのかな。」などと問い，底辺に対して垂直な直線が平行四辺形の高さであることを確認するとよいです。

C：あっ，長方形にするのを忘れてた。

T：長方形にした人もいるんですね。7cmは長方形の縦の長さということでしたが，どこのことか，自分のノートの平行四辺形に，線をかき入れてみましょう。

「長方形の縦の長さ」を考えてかきこむ時間をとる。

C：辺タチから辺テツに垂直に引いた直線の長さだよ。辺タチと辺テツは平行だから，間ならどこに引いても同じ長さ。

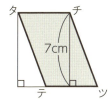

T：この線を切ると長方形になるんでしょうか。

C：こうやって縦に切ると，長方形になる。長方形の縦が7cmで，横が5cmだよ。

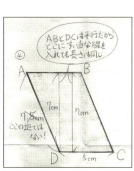

C：辺タテは斜めで，長方形にしたときの縦じゃないから，面積を求めるときは使えないんだね。

5 振り返り

T：前の時間も合わせると，4つの平行四辺形の面積を求めましたね。平行四辺形の面積を求めるときに，必要な長さはどこでしょう。

C：長方形に変形したときの，縦と横の長さが分かれば，平行四辺形の面積を求められるよ。

T：長方形にしたときに縦にあたるのは，平行四辺形のどの長さですか。

C：長方形にしたときの横の辺から，向かい合う辺まで垂直に引いた直線の長さです。

T：平行四辺形を長方形に変形したときに，横の長さになる辺のことを「底辺」といいます。そして，縦になる長さのことを「高さ」といいます。

・どの平行四辺形も，長方形に変形しその縦と横の長さを使って面積を求めていることに気づくようにします。

評価のポイント
「長方形の縦の長さ」を適切にかける児童がどの程度いるかを把握し，少ないようであればこの後の確認を丁寧に行います。
（笠井先生）

数学的な見方・考え方のポイント
方眼のある平行四辺形のときのやり方から，横に対する垂線をはかるということを類推しています。（盛山先生）

数学的な見方・考え方のポイント
長方形に変形して確認することで，辺テツに垂直な線が，変形した長方形の縦にあたることが分かり，類推で考えたときより明確に，演繹的に根拠を示すことができています。
（盛山先生）

・このとき，「長方形に変形したときの縦と横の長さ」「底辺」「高さ」などは，黒板の図で場所を示しながら丁寧に確認します。

C：平行四辺形の面積を求める公式は「高さ×底辺」だ。

C：「底辺×高さ」じゃないの。

T：長方形の面積を求める公式は「縦×横」だから、「高さ×底辺」といいたくなりますね。でも、平行四辺形の高さは、底辺をどの辺にするか決めないと、はかれませんね。だから、平行四辺形の面積を求める公式は、先に決める底辺を先にして、「底辺×高さ」といいます。

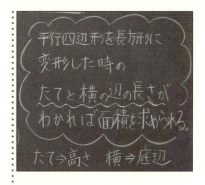

《参考》

この後、三角形の面積についても、平行四辺形と同様に展開して学習しました。

【第3時】方眼上に置いた三角形の面積も、公式が分かる図形に変形して求められることを確かめる。

【第4時】白紙上に置いた三角形の面積を求め、必要な長さがどこかを見つけ、公式化する。

なお、平行四辺形は長方形への変形のみですが、三角形は長方形と平行四辺形、2種類の変形が出てきます。どちらでも同じ箇所をはかっていることを確かめ、底辺×高さ÷2の公式に統合する流れになります。

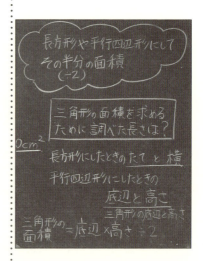

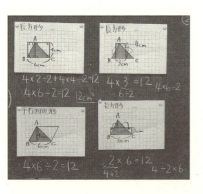

本時のノート

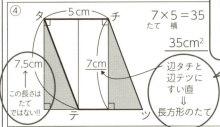

授業者からのコメント

　面積の学習に入るとき，公式だけは既に知っているという子どもも多いと思います。本実践では，長さを示さない図形を提示し，面積の求め方を考えてから必要な長さを測定する展開にしたことと，複数の図形の面積を求め，どの図形の面積を求めるときにも必要な長さはどこかを見つけることで，「高さ」とは何かや，公式の意味を本質的に理解できるようにしました。知っている図形にすれば面積が求められることを実感した子どもたちは，台形やひし形についても，自分たちで公式をつくれそうだという見通しをもつことができます。台形やひし形のときは，面積を求めるために立てた式のみを提示し，ほかの考え方をしていた子どもに，どの図形に変形したのかを考えさせると，図形の見方や，式で考えを表現する力を伸ばすことができます。

笠井先生からのコメント

　平行四辺形の公式を導く場面です。最初に方眼の上にかいた平行四辺形の面積を求めることで前時を振り返り，その後，白紙の上にかいた平行四辺形の面積を求めさせることで，どこの長さが必要なのかを自覚させようとしています。斜辺というつまずきを取り上げ，クラス全体で共有し，課題としていることがすばらしいです。そして，「長方形の縦の長さ」は横の長さに垂直であることを確認させて，一人ひとりのノートに高さにあたる線をかきこませていることもすばらしいと思います。まず自分でかいてみることで子どもは実感していけるからです。ほかの平行四辺形，例えば，高さが底辺の外になるような平行四辺形の場合はどうなるかということも考えさせてみたいものです。

速さ
どっちの選手が速いかな？

|先生名：沖野谷 英貞|

> **ねらい**
> ・距離と時間がそれぞれそろっていないときに，速さを比べることができる。
> ・短距離走を走る速さが平均の速さだと考え，速さを比べるときには比例を仮定しているということを，理解することができる。

本時における新学習指導要領上のポイント

　本時で働かせたい見方・考え方は，「比例を仮定する」ことです。「比例を仮定する」とは，本当は比例していないが，比例していると考えることで都合よく問題解決できるようにすることです。
　本時は「速さ」を比較するために，時間と距離が比例していると仮定する場面に焦点を当てて学習を進めていくことが大切です。

用意するもの
2人の子どもの走った記録（掲示用），子どものイラスト（掲示用）

本時の板書計画

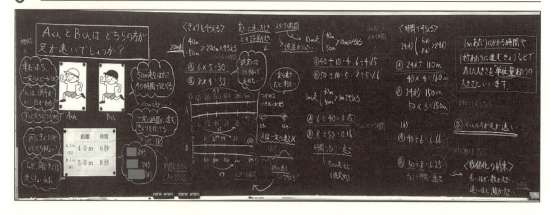

本時の学習前に／学習後に

- 前時は，車の速さ比べを通して，速さは時間と距離で表すことを学習する。
- 本時は，人間の速さ比べを通して，2人の選手が平均の速さで走っていると考え，時間と距離が比例していると仮定して速さを比べることを学習する。
- 次時は，5種類の動物の速さ比べを通して，単位量あたりの大きさで比べるとよいことを学習する。

💬 授業展開

この授業は，時間や距離をそろえた速さの比較として行う。

1 導入

(問題) AさんとBさんは，どちらの方が速いかな？

Aさん Bさん

T：どうやって，速さを比べればいいでしょうか？

C：50mを走って，先にゴールした方が速いです。

T：どうして，先にゴールした方が速いのですか？

C：距離が同じだから，時間が短い方が速くなります。

T：ほかにも比べ方はありますか？

C：同じ時間を走って，長い距離を走った方が速いです。

T：どうして，長い距離を走った方が速いのですか？

C：時間が同じだから，長い距離を走った方が速くなります。

T：ほかにも比べ方はありますか？

C：実際に走らなくても，時間と距離が分かれば比べられます。

T：どうして，時間と距離が分かれば比べられるのですか？

C：昨日の車の速さ比べでやったように，速さは時間と距離で比べられるからです。

T：それでは，2人の記録を伝えます。

時間は付せんで隠して提示。

	距離	時間
Aさん	40m	
Bさん	50m	

・前時の学習を想起させ，距離をそろえて時間で比べる方法・時間をそろえて距離で比べる方法を引き出します。

・速さは，時間と距離の2量で表されることを理解しています。

・2人の記録は，「距離」「時間」の順に提示することで，問題に主体的に関われるようにします。

T：Aさんは40m，Bさんは50mです。

C：なんで同じ距離を走らないのですか？

C：同じ距離じゃないと比べられないよ。

C：でも，もし時間が同じだったらBさんの方が速いよ。

T：時間は，Aさんが6秒，Bさんが8秒です。

　付せんをとる。

C：微妙だなー。どっちが速いのかな？

T：どちらが速いか，比べ方を考えてみてください。

2 自力解決

①距離をそろえる

・200mでそろえる…㋐

・10mでそろえる…㋑

（・1mでそろえる）

②時間をそろえる

・24秒でそろえる

・1秒でそろえる

3 発表・集団検討

T：では，どうやって速さを比べたか発表してください。

C：時間か距離のどちらかがそろっていないと比べられないので，私は距離を200mにそろえました。（㋐）

　Aさんは，200÷40＝5，6×5＝30

　Bさんは，200÷50＝4，8×4＝32

　200m走にした場合，短い時間で走ったAさんが速いことになります。

T：この式の意味分かるかな？分からない人もいるみたいだから，誰か説明してくれますか？

C：Aさんの方は，200÷40＝5で，200mは40mの5つ分だから，6×5＝30で，200mを30秒で走ることになります。Bさんも同じようにして，200÷50＝4で，200mは50mの4つ分だから，

・時間と距離が異なる場合の速さ比べを通して，単位をそろえる見方・考え方を引き出します。

数学的な見方・考え方のポイント
机間指導の際に，子どもが「どうしてその数でそろえようとしたのか」を聞き，着想を問うようにします。（盛山先生）

・距離と時間のどちらか一方の単位をそろえて比較していることを意識させます。

8×4=32で，200mを32秒で走ることになるから，Aさんの方が速いです。

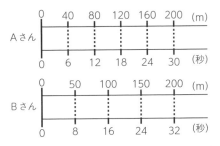

C：でも，Aさんは本当に200mを30秒で走れるのかな。

T：どういうことですか？

C：人間には調子があるし，長い距離を走ったら疲れてしまいます。

C：走るときはだんだん速くなって，疲れてだんだん遅くなると思います。

T：では，200mを30秒で走るには，Aさんはどんな速さで走っているといえるでしょうか？

C：同じ速さで走り続けているといえます。

C：速さをなだらかにして，一定の速さで走っているといえます。

T：なだらかにした速さのことを平均の速さといいます。平均の速さで走った場合，時間と距離が比例していると考えることができます。

C：平均の速さだと考えると，時間と距離が比例すると考えられるので，時間が2倍，3倍，…になると，距離も2倍，3倍，…として計算しているのですね。

T：ほかの比べ方をした人はいますか？

C：ぼくは距離を10mにそろえて比べました。(イ)
　Aさんは40÷10=4，6÷4=1.5
　Bさんは50÷10=5，8÷5=1.6
　10mを走ったと考えると，時間が短いAさんが速いです。

T：6÷4って何をしているのですか？図を使ってノートに説明を書いてみましょう。

・数直線を用いて，時間と距離が比例していることを顕在化させます。

・人間が等速で走れないことに着目することで平均の考えを引き出します。

・平均の速さで走ったと考えることで，時間と距離が比例関係にあることに気づかせ，比例を仮定します。

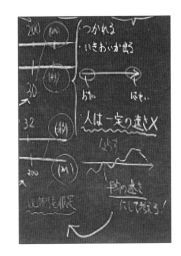

評価のポイント

200mでそろえて考える場合に図で説明したのと同じように，10mに等分する場合でも図を使って説明できるかを，ノートで評価します。
平均の考え方や，比例の考え方を使っているかどうかにも着目します。　　（笠井先生）

C：Aさんの方は，40mは10mの4倍で，40mを走るのにかかる時間が6秒だから，4でわると10mを走るのにかかる時間になります。Bさんの方は，50mは10mの5倍で，50mを走るのにかかる時間が8秒だから，5でわると10mを走るのにかかる時間になります。

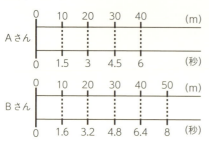

T：最初の10mと最後の10mとで，速さが違うのではないでしょうか。本当に4でわってよいのですか？となり同士で考えてみましょう。

T：では誰か発表してください。

C：これも平均の速さだと考えると，どこの10mを切り取っても同じ速さだと考えることができるので，4でわってよいと思います。

T：ここでも平均の速さで考えているのですね。ノートに書いておきましょう。

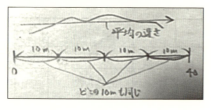

4　振り返り

T：今日の学習で大事だと思ったことを書きましょう。

C：走る速さが一定で，ずっと同じ速さで走っていると考えれば，比例していると考えることができて，速さを比べることができました。

5　応用

T：時間をそろえて考えた人もいるみたいですね。そのやり方でもやってみましょう。

・平均の速さで走ったと考えることで，40mを4等分しても同じ速さになることに着目させます。

・距離を1mにそろえて比べるやり方が出てきた場合も同様に，数直線図を用いながら，クラス全体に考え方を共有します。

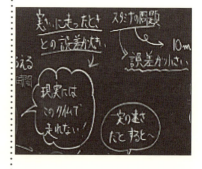

・比例を仮定することで，倍比例や等分比例の考えが使えるようになることを振り返らせます。

 評価のポイント
時間をそろえて比べるやり方は，距離でそろえて比べるやり方で学んだ考え方を活用して解決しようとしているかを評価します。　　（盛山先生）

・時間をそろえる方法は，次時で扱ってもよいでしょう。

本時のノート

AさんとBさんは、どちらの方が足が速いでしょうか。

50m走をはかって、その時間で比べる。

	距離	時間
Aさん	40m	6秒
Bさん	50m	8秒

みんなの意見

〈きょりをそろえる〉

$\dfrac{40m}{50m}$ ＞ 200mにそろえる。

Ⓐ 200÷40＝5
　6×5＝30

Ⓑ 200÷50＝4
　8×4＝32

（現実ではこのタイムでは走れない。）

（速さを比べるために、何をそろえたのかを書く。）

（現実場面と比較する。）

Aさんの方が速い
・つかれる
・いきおいが出る
人は一定の速さで走れない

$\dfrac{40m}{50m}$ ＞ 10mにそろえる。

Ⓐ 40÷10＝4
　6÷4＝1.5　　Aさんの方が速い

Ⓑ 50÷10＝5
　8÷5＝1.6

平均の速さだと考える。

📎 授業者からのコメント

　本実践は，第5学年「単位量あたりの大きさ」の導入教材として「速さ」を扱った授業です。第1時では，車が等速で走るアニメーションを見せ，子ども自身が時間と距離に着目して，速さを数値化できるように工夫しました。第2時（本時）は，人の速さ比べを題材にしました。人間は不確定要素が多く，等速で走ることができません。そこで，平均の速さで走り続けると考えることで，時間と距離が比例していると仮定することができます。比例を仮定することで，時間や距離を公倍数や単位量あたりの大きさでそろえて速さを比べられるようにすることが大切です。

📎 笠井先生からのコメント

　速さを比べる場面では，距離をそろえる方法と，時間をそろえる方法，何倍かしてそろえる方法と単位量あたりの大きさを求める方法があり，これらを組み合わせても4通りの方法を子どもたちは考えると思います。本事例では，集団検討ですべての方法を発表させていません。一つひとつの方法について，それぞれ，「何をしているのか」，「そうしていいのはなぜか」と深めていることがすばらしいと思います。具体的には，40mを6秒で走った子どもは200mを30秒で本当に走ることができるのかを話し合うことで，そうならないこともあるけど，同じ速さで走り続けていると比例を仮定していることを確認しています。子どもたちの理解状況を評価するために，10mを1.5秒で走ると考えていいかを話し合わせていることもすばらしいです。

みんなの運はどれくらい？

割合

先生名：青山 尚司

> **ねらい**
> 基準量と比較量との関係を正しくとらえて比べ方を説明することができる。
> 割合を用いて比較することのよさを理解することができる。

本時における新学習指導要領上のポイント

「割合」の導入は，一般的にバスケットボールのシュートなどを題材として，全体を1としたときに成功した数がどれだけにあたるかを考えます。本事例もねらいは同じですが，子どもがより主体的に，興味・関心をもって取り組めるように，クラスでじゃんけん大会を行い，その勝率で「運のよさ」を比較する場面としています。

用意するもの

ストップウォッチ（計時用），ホイッスル・太鼓など（開始・終了の合図用）

本時の板書計画

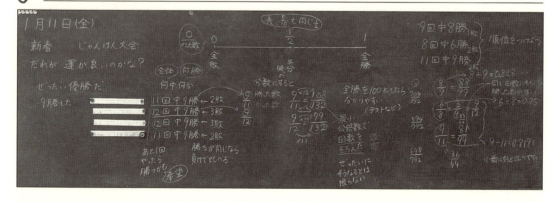

本時の学習前に

● 本時の学習前に，「単位量あたりの大きさ」で，一方の量をそろえることでもう一方の量を比較する考え方を学んでいる。

● 「分数」で，計算や大小比較をするために分母に着目してそろえたり，「小数」で，大小比較のためにどの位の数に着目したかを考えたりしてきている。

授業展開

この授業は,「割合」の導入として行う。

1 問題提示

T：今日はクラスでいちばん運がよい人を決めます。

> じゃんけん大会をしよう！
> ルール　①勝負は1分間
> 　　　　②ノートに記録する　勝ち＝○　負け＝×
> 　　　　③あいこのときは勝負がつくまでやる
> 　　　　④一度対戦した人とはもう一度やらない

・ルールの画面を用意しておき,前に映すと時間が短縮できます。

・子どもには勝敗を○×で記録させます。

T：では始めます。よーい「ピー！」

T：（1分後）「ピー！」終了です。

C：8勝だった！

C：2敗しかしてないよ！

T：勝った回数が同じなら運のよさも同じでよいですか？

C：その場合は負けた回数が少ない方がいいと思う。

T：どうしてですか？

C：少ない回数でより多く勝っているから。

C：勝負した回数が同じなら,勝った回数が多い方がいい。

C：何回やって何回勝ったかを考えればいいと思う。

> **数学的な見方・考え方のポイント**
> 子どもたちに自由に結果を言わせると,さまざまな表現が出てきます。今回の場面では差で比べるのではなく割合で比べるのが適切だということに,授業の中で気づかせたいですね。
> （盛山先生）

2 集団検討1

T：では,まず自分がどのくらい勝てたかを簡単に説明できる人はいますか？

C：ちょうど半分勝てたよ。

T：半分とはどういうこと？

C：ってこと。

C：10回やって,5回勝ったから半分。

T：この数直線でいうと $\frac{1}{2}$ というのはどこですか？

C：真ん中だからこの辺だと思います。

T：10回やって5回勝った人はここということですね。ほかに半分勝ったという人はいますか？

C：12回やって6回勝ったよ。

T：数直線でいうとどこでしょうか？

C：勝ったのは半分だから、さっきと同じで真ん中。

・数直線の提示によって、半分が真ん中であることに着目します。

・「じゃんけんをした回数に関わらず、半分勝った人は同じ成績だ」という考え方を引き出します。

T：じゃあ、もしも全勝の人がいたらどうなりますか？

C：$\frac{10}{10}$ や $\frac{5}{5}$ になるから1です。

C：その線でいうと右端になるよ。

C：逆に全敗は0。

T：では半分より勝てなかった人は、この数直線のどの辺にいることになりますか？

C：半分よりも0に近いから、真ん中より左側だね。

T：では半分より勝てた人はどの辺ですか？

C：半分より右側で、全勝の1に近くなる。

> **数学的な見方・考え方のポイント**
>
> 数直線を用いることで、全勝を1、全敗を0ととらえる見方を引き出しています。全員が0から1にあてはまるということが視覚化できますね。
>
> （盛山先生）

・まず自分の成績が数直線上の半分よりも右側か左側かに着目します。その後自分の成績が数直線上のどこにあるか判断を促すことによって、全勝を1としたとき、勝った回数がどれだけにあたるかを考えます。

T：今から先生が数直線の0から1に向かって指を動かしていきます。自分はこの辺だというところで手を挙げてください。

自分の成績だと思う位置でそれぞれ手を挙げる。

T：今だいたいこの辺というところで手を挙げてもらいましたが、半分の $\frac{1}{2}$ や全勝の1のように、自分の結果を表すことができますか？

C：半分の $\frac{5}{10}$ や $\frac{4}{8}$ は $\frac{1}{2}$ で、全勝の $\frac{10}{10}$ や $\frac{8}{8}$ は1だから、同じように分数にすればいいと思います。

C：勝負した回数を分母、勝った回数を分子にすればいい。

> **評価のポイント**
>
> $\frac{4}{7}$ など、半分より上か下かの判断がつきにくい子どもがいる場合があります。ノートに記録させたうえで、何人かに自分の成績を黒板に示しにきてもらうのもいいですね。
>
> （笠井先生）

T：では、「自分がクラスでいちばん運がいい」と思う人！何回中何回勝てたのかを教えてください。

C1：9回中8回勝ったよ。…㋐

C2：8回中6回勝った。…㋑

C3：11回中9回勝ちました。…㋒

C：3人ともすごいけど、誰がいちばんなのかな？

T：では、誰がいちばん運がよかったといえるのかを考えていきましょう。

> ㋐ 9回中8回勝った
> ㋑ 8回中6回勝った
> ㋒ 11回中9回勝った
>
> 勝負した回数も勝った回数もちがう
>
> どうやってくらべるか？

3 自力解決

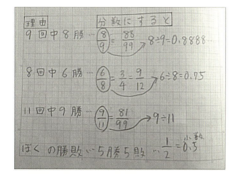

> **評価のポイント**
> 言葉で表現されている「勝負した回数と勝った回数」を、自分で分数にもっていけるようになっているかを確認しましょう。　　　（笠井先生）

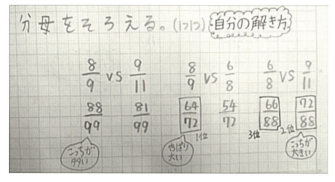

4 集団検討2

C：3人の結果を分数にしたよ。

㋐ $\frac{8}{9}$　㋑ $\frac{6}{8}$　㋒ $\frac{9}{11}$　通分すると、

㋐ $\frac{704}{792}$　㋑ $\frac{594}{792}$　㋒ $\frac{648}{792}$ になるから、

分子がいちばん大きい㋐がいちばん運がいいといえる。

・導入で半分（$\frac{1}{2}$）への着目を促しているので、成績を分数で表す、通分をして比較することが予想されます。その際、成績を表す分数は勝負した回数と勝った回数との関係であるという実感を深めるために、分母と分子が何を表しているのかを問うようにします。

T：でも⑦が実際にじゃんけんをしたのは9回だよね？ ⑦が792回勝負したら，本当に704回勝てるの？

C：必ずとはいえないけど，そのくらい勝てると考えた。

T：なるほど，実際は分からないけれど比例していると仮定したのですね。

C：私は分数で表すところまでは同じだけど，そこから通分をしないで小数にしたよ。

　⑦ 8÷9＝0.8888…，　④ 6÷8＝0.75，
　⑤ 9÷11＝0.8181…

　だから，いちばん運がいいのは⑦だよ。

C：小数にすると数直線のどこになるかが分かりやすい。全勝が1で全敗は0だから，1にいちばん近い⑦がいちばん運がいいことになるね。

T：分数で通分する考えと，小数にする考えが出ましたが，それぞれにどんなよさがあると思いますか？

C：分数は，勝負した回数と勝った回数が分かりやすい。

C：小数は，大勢の記録を比べやすいし，いちいち通分しなくていいから簡単です。

5 振り返り

T：今回のじゃんけん大会では運のよさをどのようにして比べましたか？

C：『勝った回数÷勝負した回数』で求めて，全勝の1にどれだけ近いかで比べたよ。

T：このような比べ方にはどんなよさがありますか？

C：全体を1にそろえるから，勝負した回数がどんな場合でも比べることができる。

6 適用問題

T：では最後にもう一度じゃんけん大会をします。自分の成績を求めて比べてみましょう。

・実際はじゃんけんの成績に比例関係は存在しませんが，比較のために比例関係を仮定する見方を評価し，その意味を全体で共有します。

勝った回数 ÷ 勝負した回数
　（部分）　　　（全体）

＝どれだけ勝ったか

数学的な見方・考え方のポイント

全体と部分との関係で比較をしているという実感をもてていますね。比較の過程で働かせた見方や考え方を最後に振り返ることもとても大切です。
（盛山先生）

評価のポイント

自分の運のよさを数値化して表し，友だちと比べられるか確かめています。学習の定着を促す，よい活動です。
（笠井先生）

📖 本時のノート

```
じゃんけん大会　だれの運がいいか？

○×○○×××○×　　9回中4勝

                    ┌ 10回中5勝も ┐
                    │ 12回中6勝も ½ │
                    └─────────────┘

0          ½                    1
全          半                   全
敗          分                   勝
    自分は
    4勝5敗

  ┌─勝った回数─┐┌──負けた回数──┐

      └────勝負した回数────┘

  全体  部分
  何回中 何勝        5  ←勝った回数
  10回中 5勝        ──
                   10  ←勝負した回数

くらべ方
・勝ちが同じなら負けでもくらべる。
・最小公倍数で勝負した回数をそろえる。
                        └─仮定
```

💬 比較するために何を行ったのかを書いている。

```
⑦  9回中8勝 ┐
⑦  8回中6勝 ├ だれがいちばん
⑦ 11回中9勝 ┘ 運がいいのか？

自分の考え  分母をそろえる。

⑦ 8/9 = 704/792   ⑦ 6/8 = 594/792   ⑦ 9/11 = 648/792
       ↑
    いちばん大きい
```

💬 小数の割合を用いて比較するよさを感じている。

```
友だちの考え  小数にする。    💬 通分しなくていいから楽！

⑦ 8÷9 =0.8888…  ←いちばん大きい
⑦ 6÷8 =0.75
⑦ 9÷11 =0.8181

0 0.1 0.2 0.3 0.4 0.5 0.6 0.7 0.8 0.9 1
全                          ↑ ↑ ↑    全
敗                          ⑦ ⑦ ⑦   勝

勝った回数÷勝負した回数で，全勝の
1に近い方が運がいい。
```

💬 じゃんけんの成績をどう数値化したのか説明できている。

📎 授業者からのコメント

　じゃんけん大会によって，難しい単元である割合の導入がみんなで楽しく考える時間になります。一人ひとりに成績があり，みんなと比較する必要感があるため，意欲的に問題解決に取り組む姿が見られました。生のデータを基に授業を行うため，数値を事前に設定しておくことはできませんが，成績がちょうど半分$\left(\frac{1}{2}\right)$という児童を見逃さず，その意味を考えていくことで，全勝を1，全敗を0とする見方を引き出す場面がポイントになります。なお，じゃんけんの結果に比例関係は成り立たないので，比例を仮定していることをしっかりと確認することが必要となります。

📎 笠井先生からのコメント

　「じゃんけんをして運試し」という場面のいいところは，子どもが自分の勝敗をもとに考えられることです。そして，比べることができる場面が自然に設定できることです。また，それぞれのじゃんけんをした回数が違うので，勝った回数だけで決められず，割合を考える必然性があることも工夫されています。授業の展開の中では，黒板に0から1の数直線をかき，自分がどの位置にいるのかをはっきりさせようとしたところが工夫されている点だと思います。まず最初に，0（全敗）や1（全勝），$\frac{1}{2}$（半分）といった，分かりやすい成績を位置づけた後，その考えをもとに残りの成績を位置づけようとしている点も素晴らしいです。

第3章

5年 ▼ 割合

115

円の面積

円の面積を求めよう

先生名：折田 和宙

- 円を構成する要素に着目し，円の面積を求める式を考え，説明できる。
- 図を根拠に，円の面積が半径×半径の2倍以上4倍以下であることを説明できる。

本時における新学習指導要領上のポイント

円の面積の学習では，「円を構成する要素に着目して，面積を計算によって求める方法を考察できる資質・能力」を育成します。面積の学習が図形領域に位置づけられていることを念頭に，「構成要素に着目すること」「既習の図形（三角形や色々な四角形）の求積方法を考察する際に用いた見方・考え方を働かせること」を大切にし，児童が面積の大きさの見通しをもって進められるよう指導します。

用意するもの

既習の図形（掲示用），方眼紙に円がかかれたヒントカード（児童用，掲示用），電卓

本時の板書計画

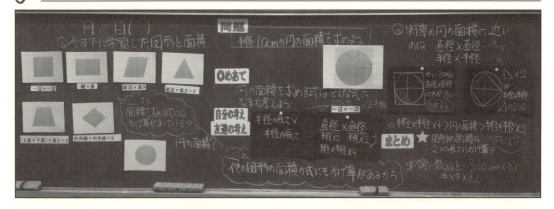

本時の学習前に／学習後に

- 前学年で，三角形や四角形の面積の求積を学習している。
- 本時で，円の面積の求め方の見通しを立てる。
- 次時からは，本時で立てた見通しを基に，既習の図形への変形と式変形を行い，円の面積の求め方の公式化を行う。

授業展開

この授業は,「円の面積」の導入として行う。

1 問題提示

T：今まで学んだ図形と,面積の求め方の公式が並んでいます。それぞれの図形と式を整理してみましょう。

C：長方形は「縦の長さ×横の長さ」です。

C：台形は「(上底+下底)×高さ÷2」です。

T：整理してみて,何か気がつくことはありませんか。

C：公式は,全部にかけ算が入っている。

C：円だけ,面積を求める公式を勉強していないよ。

T：では今日は,円の面積の求め方について考えることにしましょう。

> 問題　半径10cmの円の面積を求めよう。

T：この円の面積を求めることはできそうですか。

C：難しいです。式が分からないから計算できません。

T：円の面積の公式は,まだ分かりませんね。でも,どんな式になりそうか予想はつかないでしょうか。

> めあて　円の面積を求める式はどんな式になるか考えよう。

2 自力解決1

C1：(学習活動に戸惑う。)

　※C1のような児童には,導入時に整理した各図形の公式から気がつくことがないか示唆し,帰納的に考えられるようにする。

C：かけ算が入りそうだ。

C：半径×半径じゃないかな。

・面積を求める方法の共通点を帰納的に考え見出しています。

・既習の図形を求積方法に着目して振り返り,本時の問いを見出しています。

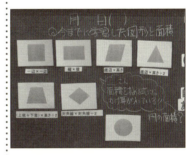

数学的な見方・考え方のポイント

これまでの面積の求め方の公式から類推して,円の面積を求める公式には,半径や直径が関わってきそうだということを子どもたちに読み取らせています。

(笠井先生・盛山先生)

C：直径×直径かな。

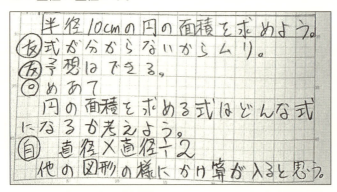

・円の構成要素に着目して，求積するための式を考えることができています。

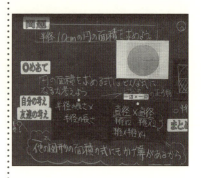

3 集団検討1

C：今まで学習した図形の公式には，すべてかけ算が入っているから，円の面積の公式にもかけ算が入ると思う。

C：半径×半径のかけ算が入ると思います。

C：私は，直径×直径のかけ算になると思いました。

T：半径×半径や，直径×直径と考えた人は，なぜそのかけ算が入ると考えたのでしょうか。

C：ほかの図形の面積の公式に入っているかけ算は，辺や高さといった2つのものの長さをかけているからです。

C：円の中で，かけ算に使うことができそうな長さがあるのは，直径や半径，円周しかないからです。

T：半径×半径や，直径×直径は，同じ長さをかけていますね。これはどんな形の面積を表しているのでしょうか。

C：1つの辺の長さが円の半径や直径と同じ長さの正方形の面積です。

T：実際の円の面積は，半径×半径の正方形と直径×直径の正方形どちらの面積に近いでしょうか。

・既習の面積の公式と円の構成要素を関連づけて考えています。

4 自力解決2

C2：(学習活動に戸惑う。)

※C2のような児童には，方眼紙に円がかかれたヒントカードを渡し，式が意味する正方形を作図しながら考えることを促す。

5 集団検討2

C：直径×直径の正方形には円がぴったり収まるので，この正方形の面積がいちばん円の面積に近いと思います。

C：半径×半径の正方形をかいてみると，円の面積よりだいぶ小さいです。

C：半径×半径の正方形2つを対角線で切って組み合わせると，円の内側にぴったりはまる正方形がつくれます。なので，半径×半径の2つ分よりは大きいです。

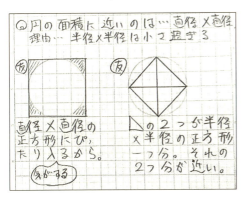

T：黒板に直径の長さでできた正方形と，半径の長さでできた正方形が入り混じっていて分かりにくいですね。

C：直径は，半径の長さの2倍です。なので，直径の長さを1辺とした正方形は，半径の長さを1辺とした正方形の4つ分になっています。

T：図だと分かりますが，ほかの表し方はありませんか。

C：直径×直径＝半径×2×半径×2なので，半径×半径×4になります。

C：円の面積は，半径×半径の正方形2つ分より大きくて，4つ分より小さいんだね。

C：半径10cmの円の面積は，200cm²より大きくて，400cm²より小さいということが分かります。

数学的な見方・考え方のポイント

正方形をかいて考えることが，解決の糸口になることを示していますね。見方・考え方を子どもに提示するヒントになっています。（盛山先生）

・半径×直径と考えた子どもは，円の面積は，半径×直径の長方形1つ分よりは大きく，2つ分よりは小さいというように，ほかの考え方と同様に扱うことができます。

評価のポイント

ここで，図を使って，子ども一人ひとりの考えを整理しています。（笠井先生）

6 振り返り

T：今日の学習を振り返って「分かったこと」や「ほかの問題を考えるときにも役立ちそうなこと」をまとめよう。

C：図形の面積は，2つの長さをかけることで求められる。

C：円の面積の公式は，2つの長さのかけ算を使った式になりそうだ。

C：円の面積は1辺が半径の長さになっている正方形2つ分より大きく，4つ分より小さい。

C：その形の面積の出し方が分からなくても，今まで勉強した図形の公式から予想することができた。

・問題解決の過程を振り返り，円の面積の公式についてほかの図形の求積公式と統合して考えています。

7 応用

T：では，実際にどれくらいか調べるにはどうすればよいでしょうか。

C：方眼紙にかいて，マス目を数えればよいと思います。

実際にマス目を数える活動をする。

C：数えてみると，314cm^{2}くらいでした。見積もりと合っています。

C：半径×半径の正方形の3.1個分くらいです

C：3.1は円周率に近い数なので，円の面積の求め方には円周率が関係していそうだ。

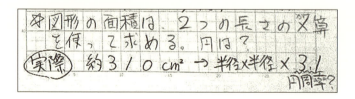

・既習の円周率と，実測値を関連づけて考えています。

本時のノート

```
◎今までに学習した図形とその面積
  正方形…1辺×1辺
  長方形…縦×横
  三角形…底辺×高さ÷2
  平行四辺形…底辺×高さ
  台形…(上底+下底)×高さ÷2
  ひし形…対角線×対角線÷2
 気がついたこと
 ○円の面積については勉強していない。
 ○面積を求める式にはかけ算が入っている。
 問題
  半径10cmの円の面積を求めよう。
   (友) 式が分からないからムリ。
   (友) 予想はできる。
 ◎めあて
  円の面積を求める式はどんな式になるか
  考えよう。
   (自) 直径×直径÷2
  ほかの図形のようにかけ算が入ると思う。
```

既習と未習を区別し、問いを見出している。

円の構成要素に着目して立式している。

```
みんなの考え
 (友) 半径×半径  }どちらも
 (友) 直径×直径  }かけ算が入っている。
 半径×2×半径×2＝半径×半径×4

◎円の面積に近いのは，直径×直径
 理由…半径×半径は小さすぎる。
```

直径×直径の正方形にぴったり入る気がするから。

△の2つ分が半径×半径の正方形の1つ分。その2つ分が近い。

```
まとめ
○半径×半径×4＞円＞半径×半径×2
☆図形の面積は，2つの長さのかけ算を
 使って求める。円は…？
(実際) 約310cm²→半径×半径×3.1
                   円周率？
```

授業者からのコメント

　本時では，既習の図形の求積公式の整理から「円の求積方法を考える」という本単元の学習内容を明確化すると同時に，円の面積を求める公式にもかけ算が入っているのではないかということを類推的に見出せるよう導入を工夫しました。このことにより，児童が円を構成する半径や直径の積に着目して，円の面積の大きさについて見通しをもつことができるようになったと思います。本時に限らず，単元の導入時には「既習の知識で解決できないか」「解決まで至らなくても，解の見通しをもつことはできないか」ということを明確にすることで，児童自身が学習内容の連続性を意識した学びができると考えます。

笠井先生からのコメント

　図形の面積の学習では，単位正方形のいくつ分といった量を測定する際に用いる見方・考え方を働かせるだけでなく，それぞれの図形の大きさを決定する図形の構成要素に着目し，面積を求めることができるようにすることが大切です。本事例は，既習の四角形や三角形などの面積の求め方を振り返り，そこから類推して，円の面積の求め方を考え，面積の大きさの見通しをもたせているところがすばらしいです。この後は，既習の図形に変形して面積を求めようとする見方・考え方を働かせて，円の面積を求め，公式を導いていきます。このように，円の面積を求める際に働かせたい見方・考え方はいろいろあります。

場合の数

どんな言葉ができるかな？

先生名：沖野谷 英貞

  自分の名前を使って言葉をつくる活動を通して，落ちや重なりがないように，順序よく整理し，すべての場合の数を調べることができる。

本時における新学習指導要領上のポイント

第6学年「場合の数」では，起こり得るすべての場合を適切な観点から分類整理して，順序よく列挙できるようにすることをねらいとしています。そのため，結果として何通りの場合があるかを明らかにすることよりも，整理して考える過程に重点を置き，具体的な事象に即して，図，表などを用いて表すなどの工夫をしながら，落ちや重なりがないように，順序よく調べていこうとする態度を育てることを大切にします。

用意するもの

なし

本時の板書計画

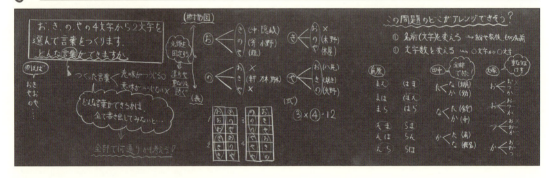

本時の学習前に／学習後に

- 前時は，リレーの走順等を落ちや重なりなく調べたり，記号化したりすることを学習する。
- 本時は，4文字から2文字を選んでどんな言葉ができるかを考える。言葉には，意味が通じるものとそうでないものがあるため，すべての言葉を書き出す必要感が生まれる。
- 次時は，順列との違いを意識しながら，組み合わせを学習する。

💬 授業展開

この授業は,「場合の数」の学習の導入の次に行う。

1 問題提示

問題 お, き, の, や の4文字から2文字を選んで, 言葉をつくります。どんな言葉ができますか。

T:先生の名字の お, き, の, や の4文字から2文字を選んで言葉をつくります。どんな言葉ができるでしょうか。

C:例えば, お と き を使うと,「沖」という言葉ができます。

T:そうですね。ほかにも, どんな言葉ができるか考えてみましょう。

- どんな言葉ができるかを問うことで, 落ちや重なりなくすべて書き出す必要感を引き出します。

- 前時の学習を活かして, 先頭を固定する見方・考え方と記号化する見方・考え方を働かせます。

2 自力解決・発表

・表で考える。

お	き
お	の
お	や
き	お
き	の
き	や

の	お
の	き
の	や
や	お
や	き
や	の

・樹形図で考える。

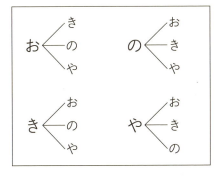

- 表, 樹形図, 式などを用いて, 落ちや重なりなくすべての場合の数を書き出しているか評価します。

- 樹形図という言葉は, 教科書では扱っていませんが, 前時で, 図の名称として指導しています。

- 必要に応じて, 辞書や地図帳で言葉を調べるように助言します。

3 発表

T：では，どんな言葉ができたかを発表しましょう。

C：沖（おき），親（おや），木屋（きや），軒（のき），焼き（やき）の5種類ができたよ。

T：5種類も言葉ができたのですね。

C：まだあるよ。小野（おの），木野（きの），矢野（やの）という人の名前がありました。

T：なるほど。人の名前という見方もあるね。

C：地図帳で調べたら，大阪府に八尾（やお）っていう市があったから，この言葉もいいよね。

T：地図帳を使って，調べたのですね。

C：全部で9種類の言葉を見つけました。

T：もうほかの言葉はありませんか。

C：もうないと思います。

T：どうしてそうと言い切れるのですか。

C：だって，言葉は全部で12通りしかできないから，残りは「きお」「のお」「のや」の3つで言葉にならないからです。

C：持っている辞書や地図帳で調べたけど，「きお」「のお」「のや」という言葉はなかったからです。

T：どうして全部で12通りだと分かるのですか。

C：樹形図に書いて調べました。

・子どもたちがつくった言葉を発表させ，意味の通じる言葉かどうかを確認します。

・「いくつの言葉が見つけられたか」よりも，「どのように言葉を見つけたか」に焦点を当てて話し合いを進めていきます。

・意味が通じる言葉の数は，子どもや学級の実態に合わせて，柔軟に変えていきます。

C：「お」が先頭に来るときは，後に続く文字が「き」と「の」と「や」で3通りです。「き」が先頭に来

る場合と，「の」が先頭に来る場合と，「や」が先頭に来る場合があるので，それぞれ3通り。3通りが4組あるので，3×4になって，全部で12通りです。

C：先頭を固定する考え方を使うと，落ちや重なりがなく調べられます。

T：なるほど。だから12通りと言い切れるのですね。

・3×4の式の意味を樹形図と関連づけながら説明するようにします。

4 応用（自力解決）

T：この問題のどこがアレンジできそうですか。

C：名前を変える。自分の名前でやってみたい！

C：文字数を変える。4文字から3文字にしてみる！

T：では，自分でアレンジして問題を解いてみましょう。

・本時の評価問題として，子どもが自分自身で問題をアレンジして解くようにします。

・名前を変える。（重なりなし）

C：ま，え，は，らで考えると，12通りのうち7つが意味の通じる言葉になる。前（まえ），絵馬（えま），鰓（えら），浜（はま），ハエ（はえ），腹（はら），ラマ（らま）の7つ。

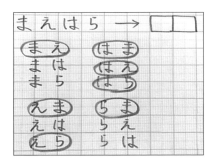

・名前と文字数を変える。

C：「たなか」は3文字で，全部で6通りできる。その6通りすべてが意味の通じる言葉になった。

　棚（たな），鷹（たか），鉈（なた），中（なか），肩（かた），仮名（かな）。

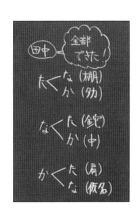

重なりのあるパターンを，クラス全体で共有する。

・名前を変える。(重なりあり)

C：ぼくの名前は，お，お，つ，かで4文字だから，全部で12通りできるはずなんだけど，12通りよりも少なくなりそうです。

T：友だちの言っている意味が分かりますか？

C：「おきのや」や「まえはら」と同じようにお，お，つ，かも4文字から2文字を選んでつくるから12通りの言葉ができるはずなんだけど，お，お，つ，かは，「お」が2つあるから，全部の数がもっと少なくなるんだと思います。

T：全部書き出して，調べてみましょう。

T：どうなったか発表してくれる人はいますか？

C：「おきのや」のときと同じように書き出してみました。そうすると，「おお」，「おつ」，「おか」，「つお」，「かお」という言葉が2回ずつ出てきました。だから，全部で12通りだけど，この5つをひいて7通りになりました。

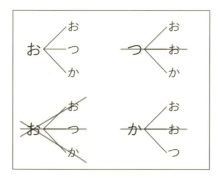

C：ここから意味の通じる言葉を考えると，丘（おか），塚（つか），顔（かお），勝つ（かつ）の4通りになるね。

5 まとめ

T：今日の学習を通して，大切だと思ったことはどんなことでしたか？

C：言葉を考える時は，全部で12通りだと分かっても全部書き出してみることが大事だと思った。

 数学的な見方・考え方のポイント

重なりのある場合の数の考え方は，本時で初めて出てくる考え方です。丁寧に扱い，クラス全体で話し合います。

（盛山先生）

 評価のポイント

すべての場合の数を整理して，落ちや重なりなく調べることが大切です。この授業では，意味の通じる言葉を探すという目的があることで，すべての場合を書き出す必要感が出てきます。子どものノートを見て，書き出せているか評価します。

（笠井先生）

 数学的な見方・考え方のポイント

重なりをひくという見方・考え方は，次時の組み合わせの学習につながります。

（盛山先生）

・すべて書き出すことの大切さについての振り返りや，自分自身で問題を発展させていく振り返りなどを書いているか評価します。

本時のノート

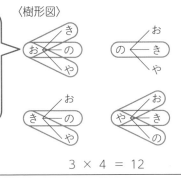
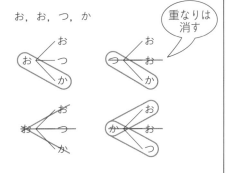

授業者からのコメント

「場合の数」では，先行知識のある子どもは形式的に計算で答えを求め，学習に前向きになれない子たちは，思いつくままに列挙してしまいがちです。これでは，落ちや重なりがないように，整理して考える思考過程が欠落してしまいます。そこで，担任の名前（文字）を使った問題を考えました。担任以外でも，学校名や地名など，子どもが興味をもつ言葉にするとよいでしょう。文字のよさは，すべての文字を書き出してみないと，言葉ができるかが分からない点にあります。また，自分の名前で調べたり，文字数を変えてみたり，自ら問題を発展させる子どもの姿を期待できると思います。

笠井先生からのコメント

場合の数の学習では，何通りか計算できればよいというよりも，起こり得るすべての場合を適切な観点から分類・整理して，順序よく列挙できるようにすることをねらいとしています。この事例は，「意味の通じる言葉を作ろう」という問題なので，何通りかが分かればよいのではなく，実際に列挙して，意味の通じる言葉になっているか確認することが必要で，すばらしい問題だと思いました。2文字を全員で確認した後，3文字や4文字と発展的に考えていくという展開もすばらしいです。さらに，重なりがある場合は結果が異なるということに触れていて，これも実際に列挙したからそのことが分かるのです。列挙するよさが十二分に表れた実践だと思います。

 資料の調べ方
どんな特ちょうがあるかな？

先生名：青山 尚司

 散らばりの様子を見ることでその記録の特徴が分かるよさを理解する。記録を数直線上に表し，その散らばり方から資料の特徴を説明することができる。

本時における新学習指導要領上のポイント

近年，データの収集やその分析において働かせる見方・考え方が大切であるとされ，「ドットプロット」，「平均値」，「最頻値」，「中央値」，「階級」といった用語を小学校で学習するようになりました。第1時の本時は，アニメーションの観察から，ドットプロットの有用性を子どもから引き出し，まとまり方や散らばり方といった特徴を見出す部分に焦点をあてています。

用意するもの

ソフトボール投げの場面のアニメーション，各記録の一覧・ドットプロットなどの画像（掲示用）
ドットプロット作成用のワークシート（児童用）

本時の板書計画

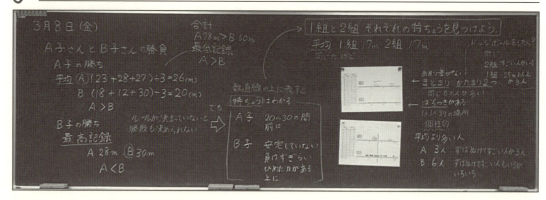

本時の学習前に／学習後に

- 5年では，個数が揃っていない場面で比較をするために測定値としての平均を学習している。
- 目的に応じて必要な観点から資料を集め，それらを分類整理し，表やグラフにかき表して資料の特徴や傾向を調べる学習を各学年で積み重ねてきている。
- 本時以降に，「代表値」として「平均値」，「最頻値」，「中央値」があることや，「階級」，「度数分布」，「柱状グラフ」について学習する。また，統計的に考察をしたり，表現をしたりする学習や，PPDACサイクルを使った問題解決にも取り組む。

💬 授業展開

この授業は，「資料の調べ方」の導入として行う。

1 問題提示

A子とB子のソフトボール投げの場面をアニメーションで提示する。

T：この勝負はどちらの勝ちといえますか？

C：3回目がいちばん遠くに飛んでいるからB子さん。

C：でもB子さんは，1回目と2回目は失敗していたよ。

C：確かに，A子さんの方が，記録が安定しているね。

C：平均で比べてみたらどうかな。

T：平均で比べるにはどうしたらいいですか？

C：3回それぞれ，何m飛んだかを調べたらいいです。

T：じゃあ，記録が残るようにしてもう一度見ましょう。

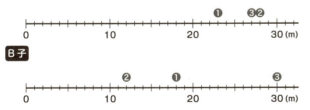

C：平均だと，A子さんの方が5m以上遠くに飛ばしているね。

C：でも，B子さんの30mがいちばんいい記録だよ。

C：何で比べるかで，どちらが勝ちかが違うと思います。

T：いいところに気がつきましたね。では，A子さんが勝ちになるのはどういう比べ方をしたときですか？

C：平均で比べたときです。

T：どうして平均だとA子さんの勝ちになるのかな？

C：3回とも，遠くの方に記録が集中しているから。

・プレゼンテーションソフトを使い，A子が3回投げた後に，B子が3回投げる順で，アニメーションにして提示します。

・提示したソフトボール投げの場面は，投げたボールが消えるようにしているため，それぞれの感覚に頼った判断となってしまいます。このことへの気づきから，目盛りの必要性とその数直線上に記録をプロットして数値化する考え方を引き出します。

・ボールが数直線上に残る設定でもう一度観察します。

・平均は
　A子…(23+28+27)÷3=26
　　　26m
　B子…(18+12+30)÷3=20
　　　20m
となっています。

・本時において働かせたい考え方は，記録の優劣ではなく，特徴を見極めることによって引き出されます。初めは勝敗を考えながら平均などの既習事項を想起し，数直線上に記録を表現する必要感を高めます。

T：ではB子さんの勝ちになるのはどんなときかな？

C：いちばん遠くまで飛んだ記録だけで比べたとき。

C：比べ方が決まっていないとどちらが勝ちといえない。

T：確かにそうですね。でも，こんなふうに数直線の上に記録を残していくと何が分かりますか？

C：3回の記録のまとまり方や散らばり方が分かります。

C：A子さん，B子さんの個性というか特徴が分かる。

T：例えばどのようなことが分かりますか？

C：A子さんはいい記録が固まっていて，B子さんは記録がばらばらだけど遠くまで飛んでいます。

T：よく考えていますね。今日はこのようにして，記録から特徴を見つけていきます。次は，A子さんがいる1組と，B子さんがいる2組の記録を見てみましょう。

・見方によって勝敗が変わることから，子どもはどのような観点で比べるかを明確にしておく必要性に気づきます。

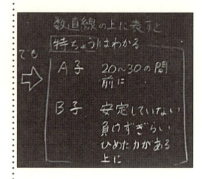

1組，2組の記録の一覧を提示する。

C：クラスの特徴もありそうだね。

T：どうやって特徴を調べましょうか。

C：さっきと同じように平均を求める。

C：1組も2組も平均が17mで同じだ。

C：平均だけでは特徴が分からないよ。

C：さっきみたいに数直線上にかこう。

T：同じ記録の人は，数直線上にどう書いたらいいかな？

C：上に積み重ねれば，何人いるかも分かりやすいです。

T：いいですね。このように数直線上に1つ1つの記録を表した図を，「ドットプロット」といいます。では，ドットプロットをつくって特徴を調べてみましょう。

ドットプロット用のワークシートを配付する。

1組女子		2組女子	
番号	記録(m)	番号	記録(m)
❶	13	❶	22
❷	26	❷	11
❸	17	❸	8
❹	14	❹	20
❺	27	❺	30
❻	15	❻	17
❼	14	❼	16
❽	28	❽	12
❾	14	❾	13
❿	15	❿	9
⓫	14	⓫	15
⓬	13	⓬	24
⓭	28	⓭	18
⓮	13	⓮	23
⓯	16		

・実際には下のようなスライドを提示しました。

・A子さんとB子さんの比較の段階で，記録の特徴を見出すための工夫を考えるというねらいを意識できれば，そのために数直線上に記録をプロットしていこうという考えが児童から出やすくなります。このほかに，「平均は同じだが，集団の質が同じといえるか」を問う展開も考えられます。

2 集団検討

子どもがつくったドットプロットを黒板に掲示し，特徴を確認していく。

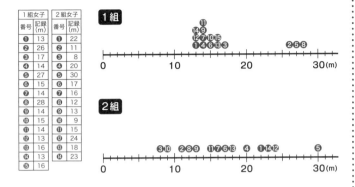

C：1組は2つにまとまっていて，2組はいろいろな記録が平たく散らばっていることが分かります。

T：どこを見たら分かりましたか。

C：ドットプロットのここです。

T：なるほど。このように，どこを見たかも発表してください。

C：1組は13mから28mまで15mの幅だけど，2組は8mから30mまで22mもの幅に散らばっています。

T：どのくらい記録が散らばっているかを見たのですね。

C：2組はばらばらだけど，1組は14mが4人いて，いちばん多いです。

C：1組と2組合わせての最高記録は2組の30mでした。

C：1組は平均より遠い人が3人で，2組は6人います。

T：どこを見ましたか？

C：ドットプロットで，平均のところに印をつけて数えました。

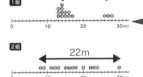

T：表にある数をドットプロットにすることで，どんなことが見えてきましたか。

C：まとまり方や散らばり方が表よりもよく見えます。

・特徴を言語化するキーワードとして，1組に関しては「まとまり」，「かたまり」，2組に関しては「ばらつき」，「散らばり」といったキーワードを板書しておきます。

> 数学的な見方・考え方のポイント
>
> ドットプロットを見てどのような特徴に気づくか，この段階では個人差があります。ここでさまざまな見方と，何を見てそれに気づいたかを共有し，言語化したり図に示したりすることで，今後ほかの資料で特徴を見出すときに使える見方を獲得できます。
>
> （盛山先生）

・「平均値」，「最頻値」，「中央値」の用語については，次時以降を想定していますが，子どもからそのような見方が出た場合は，ここで指導してもよいでしょう。

C：平均は同じでも特徴はまったく違うね。

T：1組と2組の記録をいろいろな見方で見てみましたが, まとめると, それぞれどんな特徴がありますか？

C：1組は投げる力が同じくらいの人が集まっていて, 2組は力がある人もいるけれど, 苦手な人もいます。

C：ドッジボールをしたら1組の方が強そうだね。

3 振り返り

T：今日の学習でどんなことを学びましたか。

C：平均は同じでも, その人やクラスの記録にはそれぞれ特徴があることが分かりました。

C：まとまり方や散らばり方を見るとその集団の記録がどんな特徴をもっているのかがよく分かりました。

4 応用

T：では, 最後に3組の特徴を調べてみましょう。

3組の記録の一覧を提示する。

3組女子	
番号	記録(m)
①	11
②	16
③	17
④	16
⑤	27
⑥	18
⑦	10
⑧	16
⑨	10
⑩	28
⑪	15
⑫	18
⑬	28
⑭	9
⑮	16

C：平均は17mだから, 1組, 2組と同じだね。

C：でも3組らしい特徴があるかも。

C：さっきと同じように, 一人ひとりの記録を数直線の上に並べてみよう。

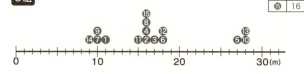

C：3組は, 3つのまとまりがあることが分かりました。

C：1組みたいに大きな山はないけれど, 2組のように広く散らばってもいないね。

C：こうやって比べると各クラスの特徴がよく分かる。

C：自分たちの本当の記録でやってみたいな。

・実際には下のようなスライドを提示しました。

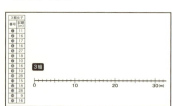

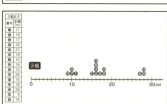

・応用問題で, 分布を分かりやすくする表し方の習熟を図るとともに, まとまり方や散らばり方の多様性に気づくことができるようにしたいです。

> **評価のポイント**
> 1組と2組の比較の際に出てきた特徴の見出し方をここで使えているかを確認し, 評価します。　　　（笠井先生）

本時のノート・ワークシート

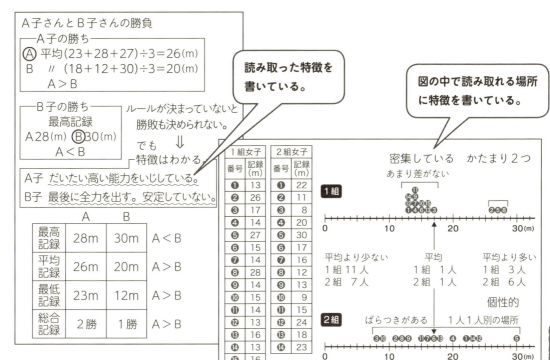

授業者からのコメント

ソフトボール投げを題材とした本教材は，個人の記録の比較と集団の記録の比較という2つの活動を行います。個人の記録を比較する場面では，実際の場面を観察する活動を通して，比較する際の重点や記録の残し方を考え，数直線上に記録を残しておくことのよさを実感することができます。集団の記録から特徴を見出す際にも，数直線上に記録を残していくことでまとまりや散らばりを把握できることを，子ども自身のアイデアとして活用していくことができます。

笠井先生からのコメント

平均値で集団の傾向を比べることがあります。けれども，平均値だけが集団を比べる代表値ではありません。新しい学習指導要領では，平均値とともに最頻値や中央値を小学校で扱うことになります。本事例では，平均値で比べる場合と最高記録（最大値）で比べる場合で，勝敗が異なることが示されています。例えば，この2人が，何回か投げることが許される中で，とにかく遠くまで投げた方が優勝という大会に出るのであれば，最大値が大きい人を選ぶのかもしれません。けれども何回か投げてその平均値が大きい人が優勝するという大会ならば，平均値が高い人を選ぶことになるかもしれません。このように，目的によって，どちらがよいかが変わるということも学ぶことが必要です。

おわりに

　これからの算数授業では，問題解決の際に「数学的な見方・考え方を働かせる」ことが意識されるようになります。今までも問題を解くときに子どもは数学的な見方・考え方を働かせていたわけですが，それが表現され，議論の対象にするところまでは至っていなかったように思います。しかしこれからは，問題解決の際に答えを出すことを目的とするだけでなく，どのように見たか，どのように考えたかに着目して検討するのです。そういった学びを通して，資質・能力を伸ばすことをねらいます。

　子どもの見方・考え方を重視するためには，たとえ結果が間違いであっても「どう考えたの？」と尋ねることで，子どもの素直な視点や思考を言語化したり，視覚化したりして共有することが大切です。結果は間違いでも，見方・考え方は正しいということもあります。また，見方・考え方がよい方向を向いていれば，それを活かして問題解決の方法を洗練，修正，再構築することができます。

　授業では，分からないで困っている子どもがいます。一方でできる子どもや知っている子どももいます。様々な様相を示す子どもたちに対して，私たちが授業を展開するときに軸にするのは，分からないで困っている子どもの思いや考えです。たとえ試行錯誤であっても，未熟な考えであっても，そういった子どもの素朴な思いや考えをスタート地点とします。それがその子どもたちの初期段階の数学的な見方・考え方なのです。

　そこにほかの子ども達の意見を織り交ぜます。ときには，どこに視点を置くかという数学的な見方をヒントにするのも有効です。そのような対話を通して，分からないで困っていた子どもが，いかに1時間の授業の中で新しい見方に気づき，新しい知識や考え方を獲得するか，変容するかが勝負です。

　このような授業展開は，実は分かったつもりになっていた子どもも，より深い理解を得ることにつながります。できる子どもや知っている子どもが説明をして終わりの授業では，困っている子どもも，できる子どもも変容しません。

　数学的な見方・考え方は，子どもたちの内面に目を向け，優しい授業をつくるための重要な概念です。本書はその認識のもと，具体的な事例を通して数学的な見方・考え方を働かせる子どもの姿をもとに，子ども思いの優しい授業をつくることを目的につくられました。

　さらに本書の1つの特徴として，紹介されている事例ごとに，数学的な見方・考え方を働かせることで，子どもにどのような資質・能力を育てるのか，そしてそれをどのように評価するのかといったことも述べられています。

　本書が読者の皆様の「みんなができる算数授業づくり」のお役に立ち，子どもたちが笑顔になることを願ってやみません。

　最後になりましたが，本書を出版するにあたり，大変お世話になりました光文書院の三浦知子様，相川知子様，内山洋子様には心から感謝を申し上げます。

筑波大学附属小学校　**盛山隆雄**

【編著者，著者紹介】
■編著者
　笠井　健一　　国立教育政策研究所　教育課程調査官・学力調査官
　　　　　　　　文部科学省　初等中等教育局教育課程課　教科調査官
　盛山　隆雄　　筑波大学附属小学校教諭

■著者一覧（五十音順）
　青山　尚司　　暁星小学校教諭
　大村　英視　　東京都目黒区立碑小学校教諭
　沖野谷英貞　　東京学芸大学附属竹早小学校教諭
　小田　　有　　成城学園初等学校教諭
　折田　和宙　　東京都大田区立赤松小学校教諭
　久下谷　明　　お茶の水女子大学附属小学校教諭
　小島　美和　　東京都東村山市立久米川小学校教諭
　小宮山　洋　　成城学園初等学校教諭
　正　　拓也　　神奈川県横須賀市立明浜小学校教諭

（肩書き・勤務校は，2019年3月現在）

みんなができる算数授業づくり
数学的な見方・考え方をいきいきと働かせて

©Kenichi Kasai, Takao Seiyama　2019

2019年7月15日　第1版第1刷発行

編著者 ———————	笠井　健一・盛山　隆雄
著者 —————————	青山　尚司・大村　英視・沖野谷　英貞・小田　有・折田　和宙
	久下谷　明・小島　美和・小宮山　洋・正　拓也
発行者 ———————	長谷川　知彦
発行所 ———————	株式会社光文書院
	〒102-0076 東京都千代田区五番町14
	電話 03-3262-3271（代）
	https://www.kobun.co.jp/
カバーイラスト ———	ふかつ　しょうこ
デザイン・本文イラスト —	広研印刷株式会社

2019　Printed in Japan　ISBN978-4-7706-1097-3
＊落丁・乱丁本は，送料小社負担にてお取り替えいたします。